JN061164

株式会社ビジョン 代表取締役社長兼CEO
第14期EOジャパン会長

佐野健一

経営は「進化」だ！

起業から上場への道のり

経営は「進化」だ！
起業から上場への道のり

はじめに――起業家・経営者の皆さんに向けて

起業家を「子供たちが憧れる職業」の1位にしたい

第一生命が毎年実施している「大人になったらなりたいもの」アンケート調査で、2021年は会社員がダントツの1位になりました。

同調査は毎年、全国の幼児と児童（保育園・幼稚園および小学校1〜6年生）を対象に行われていますが、今回は小学校3〜6年生および中学生・高校生にインターネットで実施されました。

その結果、小学生女子を除き、小学生男子と中学生男女、高校生男女のすべてで会社員がランキング1位になったのです。

ちなみに、前回の調査までは、サッカー選手や野球選手が男の子の「大人になったらなりたいもの」のトップを占めていて、女の子では「食べ物屋さん」が23年連続で第1位でした。
新型コロナウイルス感染症（COVID-19）の流行拡大により、お父さんやお母さんがテレワークで在宅勤務をしている姿を見て、会社員が見直されたこともあるかもしれません。

でも、子供の頃から自分で商売をすることに憧れ、サラリーマンを辞めて会社を興した僕としては、起業家や経営者という職業が「大人になったらなりたいもの」ランキングでトップ、あるいは、せめてベスト5以内には入ってもらいたいところです。

こういうアンケートの結果を見ても、「起業家になりたい」という人をもっと増やしていくことが重要だと思います。

テレビを見ていても、経営者というと何か会社に不祥事が起きて頭を下げているイメージがあって、起業家や経営者という職業が、世間的にあまりリスペクトされていないのかもしれません。

子供たちが将来、起業を志すようになるかどうかは、一つには、起業家や会社の経営者に早いうちから接する機会があるかどうかに大きく左右されると思います。

子供たちに人気の職業でいえば、たとえば野球選手にしても、プロ野球の試合をテレビで見たり、実際に球場で見て、「僕もいつかあのグラウンドに立ちたい」と思う子供はたくさんいると思います。テレビでロケットの打ち上げのシーンを見て、宇宙飛行士になりたいと思った子供も多いでしょう。

また、たまたま買い物をしたパン屋さんのあのパンがおいしかったから、「私も大きくなったらパン屋さんになりたい」と思った子供もいるでしょう。

これも、子供の頃に実際に触れる体験をしたから、その職業が「大人になったらなりたいもの」の上位に入ってきたのだと思います。

もちろんその一方で、ユーグレナ（ミドリムシ）の屋外大量培養技術を世界で初めて確立し、急成長を遂げたバイオベンチャー・（株）ユーグレナの創業者の出雲充社長のように、父親がサラリーマンで母親が主婦という、ごく一般的な家庭に育ち、子供の頃には起業して経営者になるという選択肢はあり得なかったという方もいます。

でも僕の場合は、両親が2人とも自分で商売をやっていて、その姿がとても幸せそうに見えたので、自分で商売をするという選択肢が、早いうちから目の前にありました。

僕自身の体験からしても、子供の頃から起業家や経営者という職業に触れる機会があればあるほど、起業や会社経営に興味を持つ子供たちが数多く育っていくと思います。

実際、福岡市では、小・中学校を対象にしたアントレプレナーシップ教育の一環として「チャレンジマインド育成事業」を行っており、その中で、地元の若手起業家が市内の中学校を訪れ、いまの仕事に興味を持った理由や経営者になったきっかけなどについて話をする、「起業家による『社会人講和』」を実施しています。

こうした取り組みが盛んに行われるようになり、子供たちが早いうちから起業家に触れ、将来なりたい職業の上位に起業家や経営者がランクインしてくるようになると、将来会社を興して新しいビジネスにチャレンジする起業家がどんどん生まれ、日本の未来を支える新しい産業も育っていくはずです。

一方、最近ようやく世間の起業家に対する見方も変化し始めていて、東京大学や早稲田大学、慶應義塾大学などでも、卒業後の進路として起業家を選択する人が増えてきました。

これも、大学が学生にアントレプレナーシップ教育を行うようになってきたことに加え、大学発ベンチャーの育成やベンチャー投資などに積極的に取り組むようになったことが大きく影響しています。

一昔前なら、エリート校の卒業生の多くが官僚になる中、「大学を卒業したら起業家になる」という学生に対して、「そんなに冒険してどうするんだ」という感覚は少なからずあったと思うのです。

なにも、官僚になることを否定しているのではなく、国や社会をよくしたいという志を持ち、官僚になる人もたくさんいます。

ただ、若い人たちが社会に出て活躍できる職業は官僚に限られているわけではなく、最近ようやくその選択肢の一つに、起業家が位置付けられるようになってきたということだと思うのです。

起業で夢を実現するチャンスは広がっている

もう一つ、大きな流れとしては、実際に起業するという選択をして会社を興した先輩たちの中から、数多くの成功者が出てきていることです。

いま振り返ってみれば、僕が会社を作った頃は、「ベンチャー」という言葉も「アントレプレナー」という言葉もまだ珍しく、起業は冒険だとか無謀な挑戦だというイメージを持っている人が多かったと思います。

でも、起業を取り巻く環境が悪いから、みんなが失敗するとは限りません。実際に、僕たちの時代でも、環境の悪さを始め、さまざまなカベを乗り越えて成功をつかんだ人は数多くいます。

彼らの多くは、その経験を活かしてメンターになり、起業家の後輩にコーチングを行ったり、エンジェル投資家として事業を支援しています。

コーチング一つをとっても、若い起業家たちが先輩起業家から直接さまざまなケーススタディを学んでおくことは、自分がこれから実際に会社を経営し、意思決定を行っていくうえで、大きな力になるでしょう。

国も今後の雇用確保や経済成長の促進のため、ベンチャー支援に積極的に乗り出しています。

税制の優遇措置や融資制度だけでなく、これまで企業が金融機関から融資を受ける際に求められていた、経営者の個人保証をなくしたり負担を減らすことを可能にする「経営者保証に関するガイドライン」の運用も始まりました。

このように、起業にともなうリスクを徐々に解消し、起業家がどんどん生まれ、大きく育っていく土壌を作ろうという方向に社会が進み始めています。

ほかにも、最近ではＩＰＯ（新規株式公開）だけでなく、最初からイグジット（会社売却）を目的にした起業も行われるようになるなど、起業家にとっての選択肢が広がっていることも追い風です。

実際、日本には、たとえば1社目の会社を起業して事業を成功させてから会社を売却し、2社目を立ち上げて、またイグジットし、3社目の会社でＩＰＯするといったシリアルアントレプレナー（連続起業家）がまだ少なく、経営者は自分で興した会社にずっと居続けるもの、という感覚がまだ色濃く残っています。

ですが、最近では会社をＩＰＯさせて資金を得た起業家が、また新たなチャレンジをして会社を興すということも現実に増えてきたり、「プロ経営者」というゾーンも確立されつつあるので、未来は明るいと僕は信じています。

さらに付け加えるなら、社外からＣＦＯ（最高財務責任者）やＣＴＯ（最高技術責任者）などのプロ人材を招くこともできるようになったほか、ベンチャー企業やスタートアップで働くことを選択する学生も増えました。

これはおそらく、学生たちにとってベンチャー企業やスタートアップの価値が向上し、自分の力が発揮できる場だと捉えられ始めていることの表れだと思います。


起業家が自ら学べる機会が増えていることも追い風です。

たとえば、本書でも触れる若手起業家や創業者の世界的ネットワーク組織「ＥＯ（イーオー：Entrepreners' Organization／起業家機構）」のような起業家のコミュニティに参加し、数多くの起業家たちの成功体験や失敗体験を学ぶことも可能です。

あるいはアチーブメント（株）の『頂点への道』講座で「目標達成の技術」を学んだり、経営者向けのトレーニングプログラムである「経営実践塾」などを受講することで、自分の「視点を上げる」こともできます。

いまでは、こうした「学び」の部分でも起業家をサポートする体制が整い始めているので、昔よりも起業の成功確率は高まっていると、僕は確信しています。

となると、あとは、どんな素晴らしい仲間と巡り会い、どんなビジネスを手がけ、具体的にどんな「出口」を目指して事業を進めていくのか、という話になります。

多様化する働き方と起業のチャンス

２０１７年のデータで少し古いのですが、５年ごとに行われている総務省の「就業構造基本調査」によれば、事業を自ら興した起業者は４７７万９００人と、前回調査の２０１２年より約７％減少しています。

ただし、詳しくは第６章で説明する通り、２０２０年の全国の新設法人数（(株)東京商工リサーチ調べ）は前年比０・１％減の13万１２３８社と、コロナ禍による影響があったにもかかわらず、前年とほとんど変わりませんでした。

コロナ禍の影響が大きかった卸売業やサービス業を中心に新設法人数が落ち込んだ業種がある一方、情報通信業や農・林・漁・鉱業、小売業、運輸業のように、コロナ禍の影響をあまり受けていないか、コロナ禍を機にかえって新設法人数が増えた業種もあったからです。

副業については、先の「就業構造基本調査」では、副業者（副業がある人）は横ばい、追加就業希望者（現在就いている仕事を続けながら、他の仕事もしたいと思っている人）は増加傾向（ともに2002年、2007年、2012年、2017年の同調査による）にあります。

この調査結果には、「副業元年」といわれる2018年以降の影響がまだ反映されていませんが、自社が運営している副業・フリーランスのマッチングサイトへの登録者のうち、新型コロナウイルス感染症の流行拡大を機に副業を始めた人が約3割に上るという業者の調査結果もあります。

今後、副業が本業になり、そこから独立・起業を選択する人も出てくる一方、フリーランスで働いている人が、事業の拡大にともない会社を作るケースも増えてくるでしょう。

実際に、企業の側でも、「この仕事はプロに任せたい」という領域がどんどん広がっていて、その中でフリーランスという職業が確たる地位を築き始めています。

企業側からすれば、仕事ごとにプロに依頼していくという形が理想的で、その道でプロとして活躍しているフリーランスは、競争相手も多い中、クライアントから選ばれ続けるために、自らスキルや技術を磨き、高いパフォーマンスを発揮してくれる貴重な存在です。

もともとは片手間で、空いている時間でフリーランスとして仕事をしていた人もいれば、フリーランスで働きながら学校に通ってスキルを上げたいとか、ボランティアをしたいという人もいるでしょう。フリーランスで働いている人の背景は千差万別ですが、むしろ最初から起業したいという思いを持ってフリーランスで働き始めたという人は、ごく一部ではないかと思います。

逆に、フリーランスとして働く中で認められ、自分が頑張ることで社会貢献ができたり、社会のさまざまな課題の解決に役立てることを実感した人たちの中から、自分がこれまで手がけてきた活動を組織化し、仲間を集めて会社を設立する人も出てくるでしょう。

フリーランスで働きながら、つながりを作り、仲間を増やしていくのは難しいのではないかと思う人もいると思います。

でもいまは、お互いにリアルでつながることができない相手でも、ネットでつながることができる時代です。

社内のコミュニケーション自体が、リアルのオフィスからネットに移行していくことも十分に考えられますし、「仲間」が社内から社外にも拡張され、リモートワークで業務を分担しながら、社外の仲間と共同作業を行っていくスタイルも普通になっていくと思います。

そうした中で、起業のあり方も多様化していくはずです。

会社に属さないというライフスタイルを選択しても収入が得られるようになり、仕事を一緒にする仲間が必要になったら会社を作る、というところからも起業家が生まれる道が拓けてくるのは、日本の未来にとって大いにプラスになると思います。


この本を手に取ってくれる皆さんの中には、すでに会社を経営し、さらに発展を目指している経営者の方はもちろん、いま会社で仕事をしながら起業を目指しているビジネスマン、「将来、何か社会に役立つ事業を興したい」という志を持つ学生、あるいは副業やフリーランスで働く中で起業に関心を抱くようになった人もいるでしょう。

僕は、自分が起業して1995年にビジョンを創業したあと、22年目の2016年に東証一部に上場し、いまコロナ禍を乗り越えて次のステージに向けて進み出したところまでの経験や気付きを、そうした皆さんとシェアしたいと思い、この本を書きました。

現在ビジョンでは、会社を作り、ここまで育て上げてきた僕たちの世代を「第一走者」と呼び、将来の当社を担っていく次の世代の仲間たちを「第二走者」と呼んで、彼らの成長をサポートすることに力を入れています。

社内に限らず広く社会を見渡せば、人々の暮らしや経済・社会に大激変が起きていて、そこにコロナ禍の影響も加わり、起業家や経営者のあいだにも世代交代が起きています。

こうした中、ビジョンの社内に限らず、日本の未来や地域の未来の担い手となる若い世代の起業家や経営者の成功をサポートしていくことに、僕は今後より力を入れて取り組んでいきたいと思います。

その意味で、僕自身もまだ若いつもりなのですが、僕たちのような経営者の先輩が、自分の体験をできるだけ多くアウトプットしていくことが大事になると思いますし、逆にアウトプットすることが自分自身の学びにもなります。

実際、普段はあまり考えることはないですが、この本を書き進めていく中で、これまでの僕たちの歩みをもう一度思い出し、「あのとき、こんな意思決定をして、この逆境を乗り越えたのか」という記憶が、目の前に鮮明によみがえってくることがたびたびありました。

それがある意味で、自分にとって新たなインプットにもつながっています。

いま日本に、起業を後押しする好循環が起きつつある中、この本に記した僕の体験を、読者の皆さんの成長と成功に役立てていただけるなら、これ以上嬉しいことはありません。

2021年7月

株式会社ビジョン　代表取締役社長兼CEO
第14期EOジャパン会長
佐野　健一

目次

第2章

「世の中に役立つ事業」をどう作るのか

2. 原点は課題解決にあり

3. 自社のビジネスモデルを描く

第3章 「お客様と最低15年付き合う」ための仕組みとチーム

第4章 「今日から『世の中の会社』だ！」——会社創業から22年目で東証一部上場

1. オーナーシップ依存型からの脱却

第5章

ピンチをチャンスに変える
――withコロナ時代の「変え続ける経営」とリスクの読み方

1. リスクの読み方と危機対応の原則

第6章 日本の未来を決めるのはスタートアップ

2. スタートアップとビジョンが拓く未来

WORK

皆さんのビジネスに本書の内容を活かしていただくために各章の最後に問いを設けています。

ご自身のビジネスに置き換えて考えることで、ビジネスを進化させるきっかけにしていただけたら幸いです。

第1章

志の立て方と「3つの原動力」

世の中にチャンスはいくらでも落ちている

僕の両親は、2人とも自分で商売をしていました。

母は居酒屋、父は工務店をやっていて、その姿がとても幸せそうに見えたので、僕も「父や母のように自分で商売をやりたい」と思うようになったのです。

そんなことから、起業するという選択肢が、早い段階から僕の目の前にありました。

両親は、「世の中にいくらでもお金は落ちている。見えるか見えないか、拾えるか拾えないかだ」とよく話していました。

幼い頃にはピンときませんでしたが、実際に自分で会社をやり始めてからは、「お金」を「チャンス」と置き換えてみたら、なんとなく意味がわかるようになりました。

本当に、世の中にチャンスはいくらでも落ちていることを、日々実感するようになったのです。

ただ、それに気が付いている人と気が付いていない人がいます。

そして、気付いていても何も行動しない人もいますし、行動しても、成功するまでやり切れる人とやり切れない人がいます。そこがチャンスをつかめるかどうかの分かれ目になっているのです。

チャンスは情報と体験の「紐付け」から生まれる

では、そもそも、落ちているチャンスに「気付く」ためには、どうしたらよいのか。

それは第一に、正確な情報にキャッチアップすることです。

いま日進月歩で技術が進歩し、めまぐるしく変わる経営環境の中で、世界中の企業が激しい競争を繰り広げていますが、世の中を大きく変えるような新しい発明が、まったくのゼロから生み出されることは、それほど多くありません。

むしろ、いま世の中にあるもの同士を組み合わせることで、新しい発明がより多く生み出されると僕は考えています。

だから、何かをゼロから新しく作るというより、今ある商品やサービスが世の中のニーズにうまくフィットしていないとか、よいものなのに価値を人にきちんと伝えられていないという情報に、絶えず触れることができているかどうか。

あるいは、自分自身が実際に商品やサービスを使ってみて、「ここをこうすればもっとよくなるのに」という体験をしていることのほうが大切だと思うのです。

そういうことが、脳の長期記憶をつかさどる側頭葉などにストックされていれば、何かを見たときに「これとこれが紐付くと、こんないいことになるんじゃないか」と考えられるようになります。


じつは結果論からいえば、「世界中いつでも・どこでも・安心・安全・快適にインターネットにつながるＷｉ－Ｆｉルーターレンタルサービス」をキャッチフレーズに、２０１２年に事業を開始した「グローバルＷｉＦｉ」も、僕自身の体験や情報の「紐付け」から生まれたものです。

まず僕自身が、海外で携帯電話を使って不便さを感じていたし、「お宅から買った携帯電話に高額な請求が来ている」というクレームが、お客様からたびたび寄せられている、という情報が耳に入ったこともあります。

なぜだろうと思って調べたら、法人のお客様の社員の方が、支給された携帯電話で、国内より高額になる海外でのデータ通信をしたためだとわかったのです。

そういう自分の体験と情報を組み合わせていく中で、「これは多くの人が困っている可能性が高い」と考え、そういう課題を解決できるサービスや商品を作ろうと提案しました。

そこから、国内向けのＷｉ－Ｆｉルーターレンタルサービスを、世界的なサービスに広げられないかという話に発展していったのです。

２０２０年8月にユーザーが１５００万人を突破するまでに急成長したグローバルＷｉＦｉ事業は、会社創業22年目で東証一部上場を果たした当社の成長を支える大きな原動力になりました。

だから僕は、自分で体験したことや、人から聞いた正確な情報の「紐付け」が、新たな市場を拓くチャンスになると考えています。

起業する前に「学べる会社」を探そう!

僕がこうしたチャンスに気付くようになったのは、通信系ベンチャーとして急成長を遂げ、今や株式時価総額約1兆円の大企業に成長した㈱光通信で働き始めてからのことでした。

もともと「サラリーマンは性に合わない」とか「自分で商売をしたい」とずっと思っていた僕が、サラリーマンとしてビジネス人生のスタートを切ったのにはわけがあります。

小学校の頃からサッカーに打ち込んでいた僕は、高校3年生のとき、その頃のお決まりのコースのように、自分のやりたいことも決まっていないまま就活を行いました。

就職は決まったものの、「自分で商売をしたい」という思いは捨て切れず、結局その会社には行かずに、チャンスを求めて東京に出たのです。

僕は、何をしたらいいのかもわからないまま、目黒で事業を営んでいた友達の家に居候させてもらうことにしました。

彼はすでに起業していて、夜な夜な大きなパソコンで超高層ビルの設計を手がけていました。その姿に影響を受けた僕は、「自分も何かやってやろう」と決意したのです。

ところが起業するにも、何をどうしたらいいのかわからない。また、その頃僕は、自分の得意分野でなければうまく人に話を伝えられないことに、かなり悩んでいました。

たとえばサッカーのことなら詳しく話せるのに、勉強はほとんどせずにサッカーばかりやっていたので、社会の仕組み自体もよくわからない。

まずは自分がやる業種を決めようと思ったのですが、いきなり起業はできないし、事業をやるなら、個人商店などの商売ではなく会社のほうがいい。だから、どこかで学ぶ必要があると考えました。

そこで就職情報誌を見ながら「学べる会社」を探すことにしたのです。

商売と起業はどう違うのか

そもそも僕にとって商売とは、個人商店のようなイメージで、子供の頃は単純に、小さな商店を経営するのが商売で、会社を作ることが起業だと思っていました。

最近では、ソーシャルアントレプレナー（社会起業家）という言葉もあるように、会社を設立するしないにかかわらず、社会貢献を目的に活動を始める人も起業家にカテゴライズされるようになっています。

商売と起業の違いをもう少し掘り下げていえば、商売とは、何かを仕入れ、それに付加価値をつけてお客様に提供することだと思います。

居酒屋なら、たとえば仕入れた食材をそのまま出すのではなく、ひと手間もふた手間も加えておいしい料理を作り、お客様に喜んでいただくのです。

それに対して代金を頂戴するわけですから、お客様の喜びを創りながらお金を稼ぐことが、商売の本質ではないかと僕は思います。

それに対し、ビジョンを創業して26年が過ぎたいま、僕は一人ではできないことを、仲間とともに実現していくこと。そして、一人ひとりがそれぞれの役割を全うしながら、より大きなものを創り上げていく、会社という「箱」を作っていくことが、起業だと思っています。

「なくならず、進化し続けるビジネス」を一生の仕事に

自分が一生涯続けられ、事業ができる仕事は何かと考え、最終的に残ったのが不動産業と通信業でした。

なかでも通信業では、僕が卒業した中学校の大先輩である京セラ（株）の稲盛和夫名誉会長が、その頃、第二電電（株）（現・ＫＤＤＩ（株））を設立したことぐらいは知っていました。

当時は、長距離電話の通話料がとても高かったので、「第二電電のような新規参入者が出てくることで、これから通信業はどんどん発展する可能性がある。先行者がまだ少ない新しい産業なのでチャンスが多い、通信業で何かをやりたい」と、僕

は思うようになりました。

そこで、一つ考えたことがあります。

それは、通信業はいつなくなるのか、ということです。

人間が通信を必要としなくなるのは、おそらくみんながテレパシーを使えるようになってからのことでしょう。

テレパシーが実現したら通信会社は潰れるけれど、それは少なくとも僕が生きている間にはあり得ない。だから通信業は長く続けられると思いました。

僕は一つの産業は約20年タームでその多くが刷新されると考えていますが、産業自体がなくなり、別の産業に置き換わるものと、産業自体はなくならずに進化し続けるものがあります。

たとえば自動車は、なくならずに進化し続けている産業の一つ。

エネルギーが化石燃料から電力や水素などに移り変わろうとしていますが、自動車自体がなくなるとはいわれていません。だから、米テスラのイーロン・マスクCEOなどの新規参入者が出てくることはあっても、自動車業界そのものはまだ伸び続けていくでしょう。

逆に、自動車産業がよりイノベーティブに成長していくために、新しいプレーヤーが登場してきたともいえるのです。

僕は通信業を選び、まさしく業界のイノベーターの草分けだった第二電電のトップディストリビューター、光通信に入社しました。

日本経済を支えているのはサラリーマンじゃないか！

光通信はその頃、通信系ベンチャーの雄として急成長を遂げ、世間の注目を浴びていました。

同社に入社した理由の一つは、いずれ通信業で事業を始めるにしろ、勢いがある成長企業の中で、営業力や人と話せる力を身につけておきたいと思ったこと。

もう一つは、商売から事業に自分の関心が移っていく中で、将来会社を作り、事業を組織で運営していくためには、組織に入って学ぶしかないと考えたからです。

僕は幼い頃から「将来は自分で商売をやろう」とか「一国一城の主になりたい」

と思っていました。

父も工務店を経営していましたが、会社の社長というより、自ら現場に出てバリバリ働いていたので、会社を作るとか会社に入るというイメージは、自分の中にはまったくといっていいほどなかったのです。

母の居酒屋に来て、上司の悪口をいいながら酔っ払っているサラリーマンしか見ていなかったので、あまりサラリーマンにはなりたくないと思っていたこともあります。

ところが僕は光通信に入った瞬間に、「この人たちは本気で戦っていたんだな。日本経済はサラリーマンが支えているんだ」と気付きました。

光通信に入社した初日に7人の同期社員と飲みに行ったのですが、そのうち5人は僕と考え方が非常に近く、実際に3、4人は社長になっています。

その日、僕たちはお酒を飲みながら、

「将来何になるの？」

「俺は社長になりたいんだよ」

「えっ、光通信の？」

「いや、そうじゃなくて自分で会社をやりたいんだ」

と語り合っていました。

そんな同期の影響もあり、僕はより明確に「経営者になりたい」と思うようになったのです。

自分が会社を作れば、もっと自由によくできる

光通信では4年半にわたりトップ営業マンとして活躍しましたが、同社で働いたからこそ、両親が話していた言葉を「世の中にはチャンスはいくらでも落ちている」と理解し、どこにどんなチャンスが落ちているのかに気付くことができたと思います。

光通信では、全事業部の事業部長を任せてもらったほか、大阪と名古屋の支店立

ち上げにも携わり、23歳の頃には８００人の部下を持つまでになりました。

そうした中で、僕はたとえば組織作りについて、

「ちょっと足りないものがあるのではないか」

「自分なら、もっと自由によくできるのではないか」


という思いを抱くようになりました。

そうはいっても、光通信は、全部門の事業部長を担当するという貴重な経験をさせてもらえるような会社で、とても勉強になったことは間違いありません。

でもやはり、上司にお伺いを立てないと、すぐには変えられないことも山のようにありました。

結局、自分で作った会社ではないので、できることに限界があるのです。

僕は光通信で働き始めてからしばらく、未来の自分が事業をするときのことは考えず、今の仕事に集中していました。でも、今の仕事に集中している中で、課題や矛盾は見えてくるものです。

そもそも会社のあり方は自由であって、

「このように会社をデザインしたらもっとよくなるのではないか」
「もっと効率的に営業できる方法があるのではないか」

というように、今起きている矛盾を解決するだけでなく、未来をよりよいものにすることができるはずです。

僕がやれば必ず成功するとはいえないけれど、僕が経営トップであれば自分で意思決定ができ、少なくとも、うまくいく可能性は高まるのではないか——。

そんな思いが、僕の中で次第に高まってきました。

富士山の見える街のアパートで起業

その頃の僕は、全国に点在している24支店を回ることに忙殺されていました。

時間を必死にやりくりし、一日に2カ所を訪れてもスケジュール的に間に合わない。電話会議システムを導入しましたが、その頃は8チャンネルしかなく、なかなか効率が上がりません。

時間の使い方が難しく、800人の部下に情報を正しく伝えるにはどうしたらいいのかと、悩みに悩みました。

その一方で、光通信の創業者である重田康光社長（現・代表取締役会長）に業務報告を毎日FAXしなければなりません。夜中に計画を作り直すこともしょっちゅうでした。

こうしたハードワークをこなしながら、次はもう役員ぐらいしかポストがないところまで上り詰めていったのです。

そんなある日、出張先からの移動中に、新幹線がたまたま新富士駅（静岡県富士市）に停車しました。

そのとき車窓から見た富士山があまりにもきれいだったので、

「ここでやろう」

と僕は決めて、新富士駅のホームに降り立ちました。

緊張の糸が途切れたのでしょう。その後3日間、熱にうなされました。

僕は、静岡県富士宮市のアパートの一室を仮契約し、光通信を辞め、24歳でビジョンを創業しました。

本当は24歳で会社を辞めて、25歳で会社を作るつもりでしたが、1年前倒しになりました。

富士山を見たということと、日本一になりたいという思いが、おそらく結び付いたのでしょう。

富士山に出合ったことを始め、さまざまなきっかけが重なり、「今だな」と体が動き出したのだと思います。

1995年に僕が創業した会社の社名は（有）ビジョン（翌年、株式会社に変更）。「ビジョン」は未来像、あるいは「未来を描き続ける」という意味で、新聞や雑誌などでもよく見かける言葉です。お客様に覚えてもらいやすい社名だと考え、この名前をつけました。

社名がビジョンですから、未来を描き続けていくことが使命です。

いま確実に未来を描き切れているかということよりも、未来を描き続けていくことのほうが大切で、僕たちが描く未来像もどんどんブラッシュアップしていくのです。

だから、描いた未来がその通りに実現することより、むしろ、そこに近づいていく中でさまざまな気付きがあり、描いた未来が修正され、よりよいものになるはずだ――。

そんな思いを、僕はこの社名に込めたのです。

サッカーが縁で始めた国際電話割引サービスの取次

そうはいっても、アパートの一室で一人で会社を始めたので、最初は組織もなく、社長業から営業職、掃除係まですべて兼任。まだ24歳と若かったからやり切れました。

事業が本格的にスタートするまでのあいだに、僕は数カ国を一人で旅し、各国の通信事情を見て回る中で、回線系のビジネスをやりたいと思うようになりました。とはいえ光通信で4年半、ずっと息をつく暇もなく働いてきたので、サッカーが盛んな静岡県で、久しぶりにサッカーをしたかった。

そこで、夜間に活動している社会人チームに入れてもらおうと思い、グラウンドに行ってみたら、サッカーをしていたのは全員がブラジル人。

静岡県は日本のサッカー王国ですが、ブラジルは世界一だから、彼らと一緒にサッカーをするほうがいい。そこで僕はブラジル人たちのチームに入れてもらうことにしました。

サッカーに言葉は要らないし、彼らもフレンドリーに接してくれました。ブラジル人たちのコミュニティに入ってコミュニケーションを重ねていくうちに、彼らの悩みも知るようになりました。

中でも深刻だったのが、国際電話の料金が高額でみんなが困っているというものです。離れて暮らしている家族と毎日電話で話していると、電話料金が毎月5万円とか10万円になるというのです。

この課題の解決を、彼らと一緒にできないものか――。

僕は仕事柄、個人でも国際電話料金を安くする方法を知っていました。そこで、彼らを雇用し国際電話の割引サービスを販売する仕組みを作ったところ、またたく間に口コミでブラジル人コミュニティに広がりました。

1年目で8000～1万人のユーザーを開拓し、2年目で粗利約10億円のビジネスとなり、最終的には5、60人を雇用するまでになったのです。

彼らとの出会いをきっかけにして、

・顧客第一主義
・一貫して情報通信サービス業で世の中に貢献する決意
・コールセンター～セールスウェイ
・ダイバーシティ（国籍不問、多言語、多趣向、学歴不問）

からなる「ビジョンウェイ」も生まれました。

「起業の目的」を自分に問い直してみよう

ここまで、僕が起業して会社を興すまでのエピソードを書き連ねてみましたが、ここで読者の皆さんに問いたいことがあるのです。

それは、そもそも何のために起業したのか、あるいは起業するのか、ということです。

会社を作って手がけたいビジネスも、企業の理念も、起業家の志や人生観などから生まれてくるものだから、この部分は非常に重要です。

起業の動機として「お金を稼ぎたい」というものもあるかもしれません。それも否定はしませんが、お金を稼ぐことを目的にすれば、それが限界値になります。お金はあとからついてくるというのは本当です。

僕自身は、起業にあたり、「世の中の役に立ちたい」とか「世の中をよくしたい」と思えるかどうかが大きな意味を持つと考えています。

むしろ、僕たちよりも若い世代の人たちのほうが、社会貢献やボランティアに対する意識が高く、僕が「会社を作ってお金を儲けたい」といったら、冷たい目で見られてしまうかもしれません。

実際、今は昔よりも「社会の役に立ちたい」と思っている人が増えたと思います。

とはいえ、いきなり「自分は社会のためにどう役立つか」を考えることは難しいでしょう。

そこで僕は、先に話したように、自分自身の体験や、自分が見たり聞いたりして得た情報の中で、

「この部分はやはりよくない」

「こうすればもっとよくできるのではないか」

という自問自答を、いつも繰り返しているのです。

このように、体験や情報を紐付けて得られたアイデアを一つひとつ事業化し、軌道に乗せていくことで、「世の中をよくしたい」という大きな目標に一歩一歩近づいていけると思うのです。

ビジネスとは、世の中をよくするための課題解決

その意味で、たとえばフリマアプリの「メルカリ」も、「この部分をこうすればもっとよくできるのではないか」という試行錯誤の積み重ねのように見えてきます。

実際、フリーマーケットやバザーは別に目新しいものではなく、近所の人に子供服をお下がりであげたり、安く譲るという、今でいえばCtoCのマーケットも古くからありました。

従来、フリーマーケットやバザーは「場所貸し」で、「7月3日に駒沢公園でバザーをやります、ぜひ来て下さい」という呼び込みを、チラシや口コミでローカルに行なっていたものです。

そういうことをネット上で完結できるようにし、日本国中、さらには地球規模で直接取引できるロジックを作り上げたことがとても斬新です。

昔からあるビジネスを現代風に置き換えることで、「よりよい世の中」に一歩近

づけることに成功した例かもしれません。

いずれにしても、やはり共通しているのは、「自分たちがビジネスを手がけることで、世の中をよくしたい」という思いを、どれだけ強く持てるかということでしょう。

その意味で、ビジネスがうまくいくということは、自分たちがお客様に選ばれていることの証明です。

どんなによい商品やサービスを作っても、お客様に支持されなければ消えてなくなってしまいます。だから、単純な小手先のマーケティングや利便性の提供だけでなく、みんなが欲しているものや困っていることに絶えず目を向け、課題解決をすることが大切なのです。

そういうことの積み重ねによって、社会が仕組み的にも大きく変わっていくでしょう。

最初は「こんなビジネスをしたら儲かるのではないか」という軽い気持ちからスタートする人がいるかもしれません。

でもいずれ、「この課題を解決したら世の中にこんなよいインパクトを与えられるのではないか」とか、「これを、この価格で提供できたらみんなが喜んでくれるのではないか」という答えに、結局は行き着くと思います。

やりたいこと、やれること、やらなきゃいけないこと——「3つの原動力」から「大義」が見えてくる

なぜ僕がこんなことを繰り返し話すのかというと、起業の動機が、「お金を儲けたい」とか「いい車に乗りたい」ということだけでは、あまりにもエネルギーが低すぎて、遅かれ早かれ疲弊すると思うからです。

会社を作って事業をやる以上、「社会の役に立ちたい」とか「世の中の課題を解決したい」という強い思いがなければ、とても長続きはしないのです。

逆に、自分たちがやっていることが世のため人のために役立っていると感じられたら、やり甲斐も生まれ、働く人たちも、より大きな力を発揮できるでしょう。

そこでビジョンでは、自分たちのビジネスの原点を忘れず、軸をぶらさないために、「やりたいこと」と「やれること」、「やらなきゃいけないこと」からなる「3

つの原動力」を定めています。
第一に、自分は「とにかくこの事業をやりたいんだ」と思えるかどうか、
第二に、資金などのリソースや、これまで培ってきたノウハウなどの面で、それが本当にできるのかどうか、
第三に、それは何をおいても「自分たちがやらなければいけないこと」なのかどうか、
について考えていくのです。
競合他社でもできることなら、あえて僕たちがやる必要はありません。逆に、他の誰にもできないことだからこそ、自分たちでやろうというわけです。
「やりたいこと」と「やれること」をきちんと整理し、さらに「やらなきゃいけないこと」という、ふるいにかけることによって、自分たちが「業界や社会の未来のために、これをやらなければならない」という大義が見えてきます。
そこから、世の中に本当に役立つ事業が生まれてくるのです。

WORK──自分のビジネスに置き換えて考える

1. 日常からチャンスを見つける思考

■あなたが普段商品を購入したりサービスを利用する際に、不便さや不満を持つ場面はどのような場面ですか？

■何がどのように変わると不満が解消され、満足を得ることができますか？

2.「3つの原動力」を掘り下げる

■あなたの事業について、あなたが今の事業をやりたいと思った理由は何ですか？

■あなたの持つ経験、リソースやノウハウで、なぜ実現可能といえますか？

■他社ではなく、あなたの会社がしなければならない理由は何ですか？

第2章

「世の中に役立つ事業」をどう作るのか

1 市場観と事業観を磨く

スタートアップで「マーケティングのやりすぎ」は禁物

本章では、第1章で話した起業の目的や志の立て方をふまえ、「世の中の役に立ちたい」とか「世の中をよくしたい」という思いを、事業にどう落とし込んでいくのかについて考えてみたいと思います。

僕たちビジョンは、2016年に東証一部に上場しました。2019年には時価総額1000億円を超え、2021年にはグループ従業員数が国内外合計700人を超える規模に成長したいまでこそ、ありとあらゆるマーケティング情報を集めて競合分析などを行い、これなら絶対に勝てるという分野にリソースを投入しています。

ところが会社創業当初は、現在のような精緻なマーケティングを行うにも、その手段がありませんでした。

インターネットも何かカクカクしていて、ホームページの読み込みが、お話にならないほど遅く、そもそも今のようにインターネット上にたくさんの情報がなかったのです。

そんな背景もあり、前章で「いま世の中にあるもの同士を組み合わせる」と記したように、自分が持っている、あるいは自分が見てきた情報、もしくは自分の知っている人たちに聞いた正確な情報をもとに、どこにチャンスがあるのかを探し出すというマーケティングを行ってきたわけです。

それから考えれば、いまはマーケティングの方法もずいぶん進歩し、精度も大きく向上しました。

とはいえ、僕自身の体験を振り返って思うのは、スタートアップの段階でマーケティングをやりすぎると、事業をやる気が失せてしまうということです。

まだ戦ってもいないのに、「この分野には競合が数多くいる」とか「この会社が強い」といった事前情報が増えすぎて、中には「いかにその分野に参入しないほうが得策か」を示唆する情報も数多く含まれているからです。

でも、よく考えてみて下さい。

いま仮に、ある商品やサービスを、大手を始め、さまざまな企業が手がけていても、それらを凌駕し、今まで世になかったものを、誰もが必要とするものに変えてしまうのが、ある意味ベンチャーなのではないでしょうか。

事業というものは、必ずしも、会社が大きければうまくいくというものではありません。

もう一つ重要なのは、たとえば事業をスタートした時点と1年後では、状況は確実に異なっているということです。

その1年間で改良に改良を重ね、当初売れなかったものを売れるようにするために試行錯誤し、お客様の声を聞きながら要望を形にしていくわけですから、事業のスタート時点で精緻なマーケティングを行い、勝算はどれぐらいあるのかを考えることに、あまり意味はないでしょう。

むしろ、事業を始める前にマーケティングをやりすぎて、「この人たちがやっているならやめよう」という結論になったら本末転倒。

そもそもベンチャー企業とは、誰かのモノマネをするためにあるのではないはずです。

にもかかわらず、「彼らがやっているならやめよう」というのは、その人たちと同じようなことをやろうとしているからかもしれません。本来は「その人たちにも足りないものがいくつもあるはずだから、逆にもっとよいものを作ればいいじゃないか」と発想したいところです。

立ち上がったばかりのベンチャー企業がマーケティングで分析しすぎて「成功確率が低いからやめよう」という結論を出すのは間違っています。それよりも、競合先よりもよい商品やサービスを作り出すことに集中したほうがよい、というのが僕の考えです。

「レッドオーシャン」の中に「ブルーオーシャン」はある

僕が、ベンチャー企業はマーケットでの成功確率を分析して一喜一憂するより、よい商品やサービスを作ることに専念したほうがよい、と考えるのには理由があります。

一見、成功確率が低そうなところに、意外とチャンスがあるからです。

いい換えれば、レッドオーシャンの中に、ブルーオーシャンはあるのです。

ブルーオーシャンとは、競争相手がいない未開拓市場のことですが、誰もプレーヤーがいない、まったくの空白地帯はブルーオーシャンではありません。誰かがその未開拓市場に気付いたときに、それがブルーオーシャンになります。

そして、最初に未開拓市場に手を着けたプレーヤーは、だいたい失敗する運命にあるわけです。

僕たちからすると、誰かが未開拓市場に先に手を着けて失敗したのなら、それよりもよいものを作ればいいということになります。

レッドオーシャンの中にブルーオーシャンがあるというのは、おそらく世の中のあらゆる製品やサービスに共通しているはずです。

わかりやすくいうと、パソコンにしても、IBMが1981年に「IBM PC（パーソナルコンピュータ）」を発売し、アップルがそれに対抗して1984年に「Macintosh（マッキントッシュ）」を発売したという歴史があります。

ところがその頃、IBMと提携してOS（基本ソフト）を開発していたマイクロソフトが、「Macintosh」によく似たGUI（グラフィカル・ユーザー・インターフェイス）を持つ「Windows」OSを開発し、結局はアップルのOSのシェアを大きく上回る成長を遂げ、現在に至っているわけです。

ただ、当時もしもアップルが、黎明期のPC市場で、世界でも圧倒的な存在だったIBMがいるからやめようと思っていたら、現在のようなコンピュータ技術の発展はなかったかもしれません。

もっとも、当時の世界トップクラスの企業に戦いを挑もうというわけですから、ある意味、無謀だといえなくもありません。競争環境がレッドオーシャンだからといってあきらめるどころか、「自分たちのほうがよくできる」という思いが、よほど強かったのでしょう。

参入障壁も縮小市場もチャンスだ！

もう一つ大事なことは、参入障壁が高いとか、市場自体が縮小に向かっているという、厳しい環境もチャンスになり得るということです。

たとえばビジョンの祖業である情報通信サービス事業に、コピー機販売事業があります。

コピー機販売は相当古い、まさしくレガシーな業界です。大手の代理店も何社かありますが、基本的には全国各地の文房具店が、地域の商圏をずっと押さえてきました。

市場もシュリンクしていて、いまどきコピー機を売っても流行りません。しかもこの先、紙がなくなるといわれています。

にもかかわらず、当社は17年前にコピー機販売事業（コピー機．ｃｏｍ）に参入しました。キヤノン（株）の販売代理店になったのは10年前ですが、いまでは数ある代理店の中でも、当社が販売台数トップクラスを誇るまでになりました。

普通なら、どんな小さなオフィスにも設置され、全国にこれだけ多くの代理店がひしめき合っているコピー機の販売は、あまりにも参入障壁が高く、絶対にやりたくないと誰もが思うでしょう。

でも僕たちは逆に、そういう市場だからこそチャンスがあると考えました。参入障壁の高さゆえ、強力な競合先がこれ以上参入してくることはできないはずだからです。

たとえ市場がシュリンクしていても、逆に販売を伸ばしていれば、当社のマーケットシェアは相乗効果でどんどん高まることになります。他のプレーヤーたちの販売がマーケットの縮小とともにシュリンクしても、僕たちはけっしてマーケットとともに沈みません。

市場が縮小期にあるときこそ、本当に強い者が勝つのです。

これをやると決めたら市場をよく見て「勝つ方法」を学べ

僕は本章の冒頭に、「スタートアップでマーケティングのやりすぎは禁物」と書きました。

それは、スタートアップは「いかにその分野に参入しないほうが得策か」という理由を探すより、競合先よりもよい商品やサービスを作り出すことに集中すべきだという意味において、間違っていません。

ですが、自分で「これをやる」と決めたら、今度は「勝つためのマーケティング」が必要になります。

その分野でどうやって勝つのかを考えるために、市場をよく見て、「このサービスはとてもよいから、うちもやろう」というように、他社がどんなよいことをしているのかを徹底的に学んでいくのです。

SBC湘南美容クリニックの相川佳之先生の言葉でいうと、「TTP（徹底的にパクる)」です。

要は成功者のやり方を徹底的に学び取ることが大切で、相川先生は中途半端に模倣するのはいけない、ともおっしゃっています。よいことは徹底的に学び取る一方で、駄目なところはもっとよい形に改良すればいいのです。

あくまでも、盗むのではなく、徹底的に学び取る。

自分のやりたい分野に、先行している人たちがいれば、彼らの取り組みから学べることが数多くあります。

それを徹底的に学び取ったうえで、僕たちは先行者に負けないサービスラインナップを整え、より競争力のある価格を提示していかなければならないのです。

2

原点は課題解決にあり

お客様の声に耳を傾け、要望にかなうものを「アドオン」する

僕は、ビジネスは世の中をよくするための課題解決だと思っています。

自分の体験や人から聞いた正確な情報の紐付けが、みんなが困っている課題の解決に結び付く。「ここをこうすればもっとよくできるのではないか」という、日々の改善の積み重ねから、世の中に本当に役立つ事業が生まれると、僕は第1章で述べました。

ここで大切なのは、未来よりも今の課題解決に目線を置くことであり、発明は難しいけれど修正は難しくない、ということです。

修正の連続性を向上させれば、おのずと収益も上がるのです。

だから、矛盾に気付き、修正もしくは改善していくという作業を、ひたすらやるだけです。

僕なりのいい方をすると、それは、お客様の声に耳を傾け、要望に応えるものをアドオンしていく、ということになります。

たとえば当社では、お客さまから「グローバルＷｉＦｉのバッテリーをもっと長持ちするようにしてほしい」という要望がありました。

モバイルルーターは一般的に小型・軽量化が追求されることの方が多いですが、それに伴いバッテリーの容量も小さくなります。ところが、海外では、日本に比べて充電箇所が少ないため、バッテリーが切れたら通信が途絶えてしまいます。

ですから、当社はサイズが大きくなってもバッテリーを大容量にすると決め、改善を行いました。大容量化に伴い、iPhoneの給電もできるようにしました。モバイルルーターとスマートフォンの充電器の2つを持ち運ぶより、グローバルＷｉＦｉ

一つの方がかさばりません。その結果、お客さまの支持率がものすごく上がりました。

つまりは、お客様のニーズにかなうサービスを、先に想像して作り上げるというより、「こういうことはやっていないの?」というお客様の要望に応えるものを、どんどん上乗せ、つまりアドオンしていくわけです。

あるいは、世に数あるサービスを見て、「これはうちのお客様にも受け入れられそうだ」というものも、どんどん採り入れていくのです。

時代の変化もテクノロジーの進化も急速に進んでいるいまだからこそ、あまり先を見すぎず、アドオンにより修正・改善を加えていくことのほうが手堅いと思います。

「見えない課題」を「見える課題」に変えよう

もう一つ、お伝えしたいことが、「見えない課題」を「見える課題」にすることの大切さです。

詳しくは第3章で述べますが、実際に事業を展開していくうえで、「この商品は誰に売れているのか」を把握することが、極めて重要です。

僕たちはお客様へのアプローチにおいて、ターゲティングを非常に重視しているので、ニーズがあるところに対してきちんとアクションできるかどうかが、結果を大きく左右することになるわけです。

その意味で、ビジョンでは最近、ビッグデータを活用した戦略に力を入れています。やはり、それだけのデータ量があるからこそ、分析の精度が向上するからです。ただ、どんな商品やサービスが誰に売れているかを分析するにしても、たとえば、長期間にわたるデータを見ていくことにあまり意味はありません。

分母を大きく取りすぎると、変化のトレンドが見えづらくなるためです。

それはどういうことかというと、この3年とか2年、1年というタームの中で、業界の変遷が確実に起こっているからです。

たとえば商品Aは、3年前は不動産業界のお客様が5割で、飲食業界のお客様が3割、スーパーが1割だったとします。それが昨年はスーパーが4割、飲食業界が3割、不動産業界が2割に変化していても、3年間の数値を平均してしまったら、そのトレンドがつかめません。そのため、商品Aのターゲットがいま誰なのかが、わかりづらくなってしまうのです。

だから、この半年でこの業界に一番売れているとか、この3カ月で一番売れているという、直近の変化のトレンドを可視化することでターゲットが明確化されるのです。

つまり、見えないものが見えるようになってくるわけです。

その意味で、どんなにたくさんのデータがあっても、最新のトレンドを見落としてしまったら、ビッグデータの価値は激減します。

市場を見ていくうえで、こういうところに気付いているかどうかが、かなり重要になってくると思います。

数字を変動させている「見えない要因」を取り除く

市場の変化のトレンドを分析していくうえで、もう一つ大事なことがあります。

それは、生のデータに表れている数字を変動させている「見えない要因」の影響に注意することです。

その最たるものが、経済統計などにもよくある季節変動です。

これは、たとえば夏にビールやアイスクリームの消費が増えるというように、季節によって商品やサービスの需要が変化することで、季節変動を取り除くために、経済統計や企業の経営分析では、季節調整という処理が行われます。

当社では、グローバルＷｉＦｉが季節変動の出やすいサービスの典型です。コロナ禍以前の状況でいえば、日本人の出国者数は春と夏に増加する傾向が見られるので、そうした季節性（シーズナリティ）によって事業の業績も大きく変化します。

季節によってとくに増減しやすい個人旅行の影響を緩和するために、たとえば法人ユーザー比率を高めて、業績の変動を平準化していくわけです。

これもある意味で、「見えない課題」を見える化し、課題解決に結び付けていく取り組みの一つだといえるでしょう。

「見えない課題」が経営側でも現場でも見えていれば、それに対処するための方法を、みんなで考えることができるようになります。

この季節にはこんなキャンペーンを打ったらいいのではないか、という判断を、現場で行うこともできるようになるでしょう。逆に、もともと繁忙期であるシーズンにもっと需要を取り込み、「超繁忙期」に変えることもできます。

たとえば春はオフィスの移転や、新卒生の入社に備えて事務所を増設するニーズが多いシーズンです。

今年はコロナ禍の影響で、大手企業は事務所をものすごい勢いで解約していますが、逆に元気な中堅企業は大都市圏にどんどんオフィスを出しています。

つまり、大都市圏で大企業と中堅企業の入れ替えが起こっているわけですが、これはとてもよい現象だと思います。こういう動きをリアルタイムにつかみ、時機を逃さず、もっと多くの需要を取り込むことが大事です。

改善の積み重ねで得た成功体験も、お客様に販売する

さらにいえば、当社には、自分たちが自社で改善を積み重ねてうまくいったことを、外に出していくという発想があります。

たとえば僕たちはグローバルＷｉＦｉ事業を始めたときに、「地球がオフィス」

というキャッチフレーズを打ち出しました。

そこで自社でも、地球上のどこに行っても稟議・決済ができる体制を構築しなければならないと考え、自社で使用するためのクラウド型稟議・決裁システムワークフローの開発に取り組んだのです。

そして、それを全社に導入し、うまく運用できるようになったところで、「お客様にもワークフローを提供したらどうか」という話になり、お客様への販売を開始しました。

みんながワークフローを使いこなせるようになっていて、社内にはそのシステムを知らない人はいません。だから全員が、お客様にきちんと説明できるようになっているわけです。

また当社では、社内のやり取りに電子メールを使用せず、クローズドのソーシャルメディア（いわゆる〝社内SNS〟や〝ビジネスチャット〟）を利用していますが、これもお客様に販売しています。

もともと、自分たちで使いこなすためによいシステムを探し、メーカーさんにカスタマイズしてもらいながら、非常に使いやすくなった状態にする。そのうえで、お客様にもシステムを提供していくのです。

僕たち自らが導入し、日々実践している中で、

「このシステムをこう設定し、こういうケースでこう活用しているから、運用がうまくいっているんです」

とお客様にいえるので、とても説得力があります。

3

自社のビジネスモデルを描く

「ビジネスモデル設計図」を描いた理由

会社が成長していく中で、ともすれば社員たちは「自分は日々売上や利益を追っているだけではないか」と思うようになりがちです。

社内にさまざまな矛盾が生じたり、自社が何を目指しているのかがうまく伝わらないとか、もしくは屈折して伝わったりすることもあるでしょう。

そんなことが起きるので、僕たちはいったい何をするのかということを、明確化

㈱ビジョン「ビジネスモデル設計図」(2012年作成／2021年改訂版)

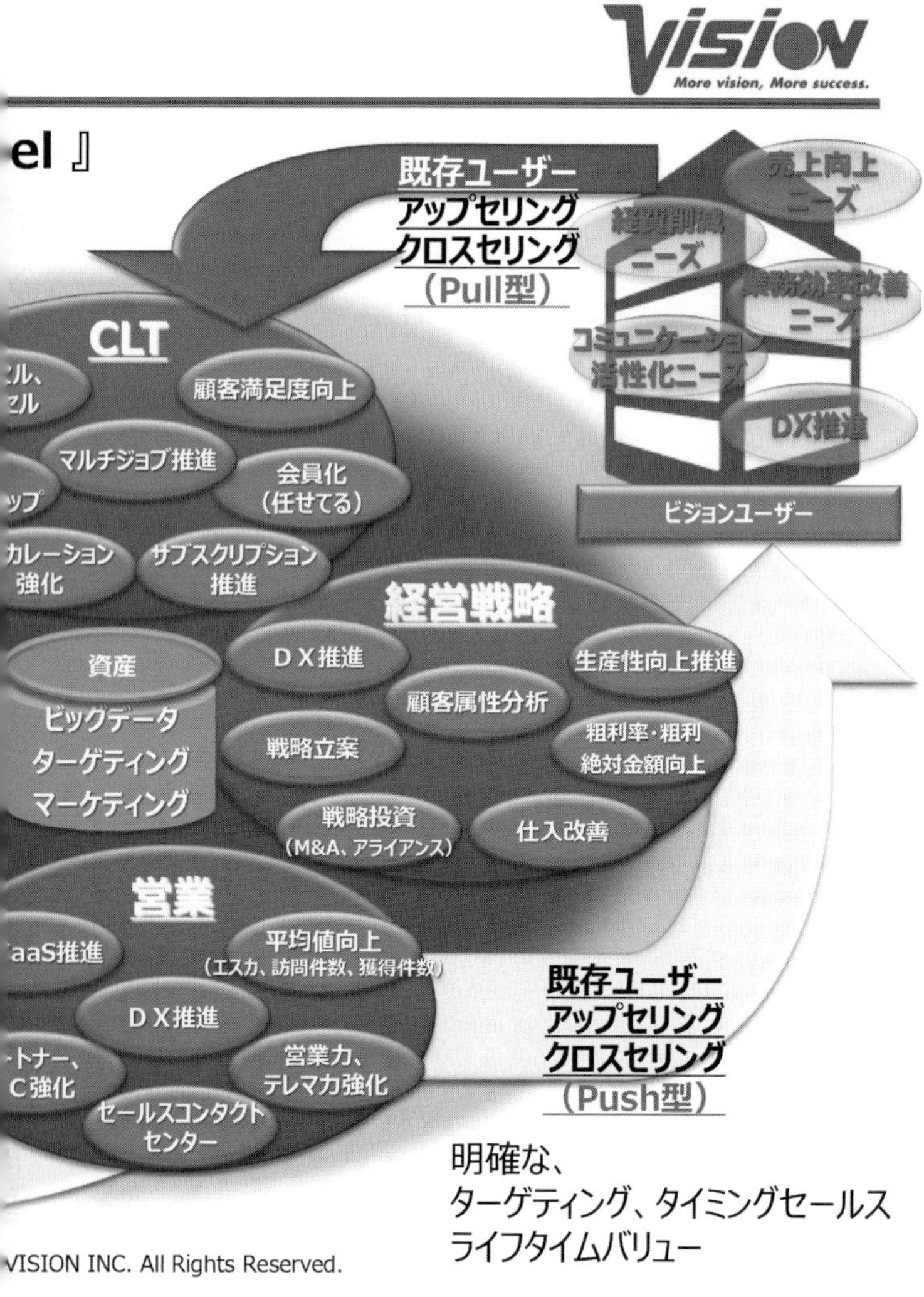

Vision
More vision, More success.
el 』
既存ユーザー
アップセリング
クロスセリング
（Pull型）
売上向上
ニーズ
経費削減
ニーズ
業務効率改善
ニーズ
コミュニケーション
活性化ニーズ
DX推進
ビジョンユーザー
CLT
顧客満足度向上
マルチジョブ推進
会員化
（任せてる）
カレーション
強化
サブスクリプション
推進
経営戦略
DX推進
生産性向上推進
顧客属性分析
粗利率・粗利
絶対金額向上
戦略立案
戦略投資
（M&A、アライアンス）
仕入改善
資産
ビッグデータ
ターゲティング
マーケティング
営業
aaS推進
平均値向上
（エスカ、訪問件数、獲得件数）
DX推進
営業力、
テレマカ強化
セールスコンタクト
センター
既存ユーザー
アップセリング
クロスセリング
（Push型）
明確な、
ターゲティング、タイミングセールス
ライフタイムバリュー
VISION INC. All Rights Reserved.

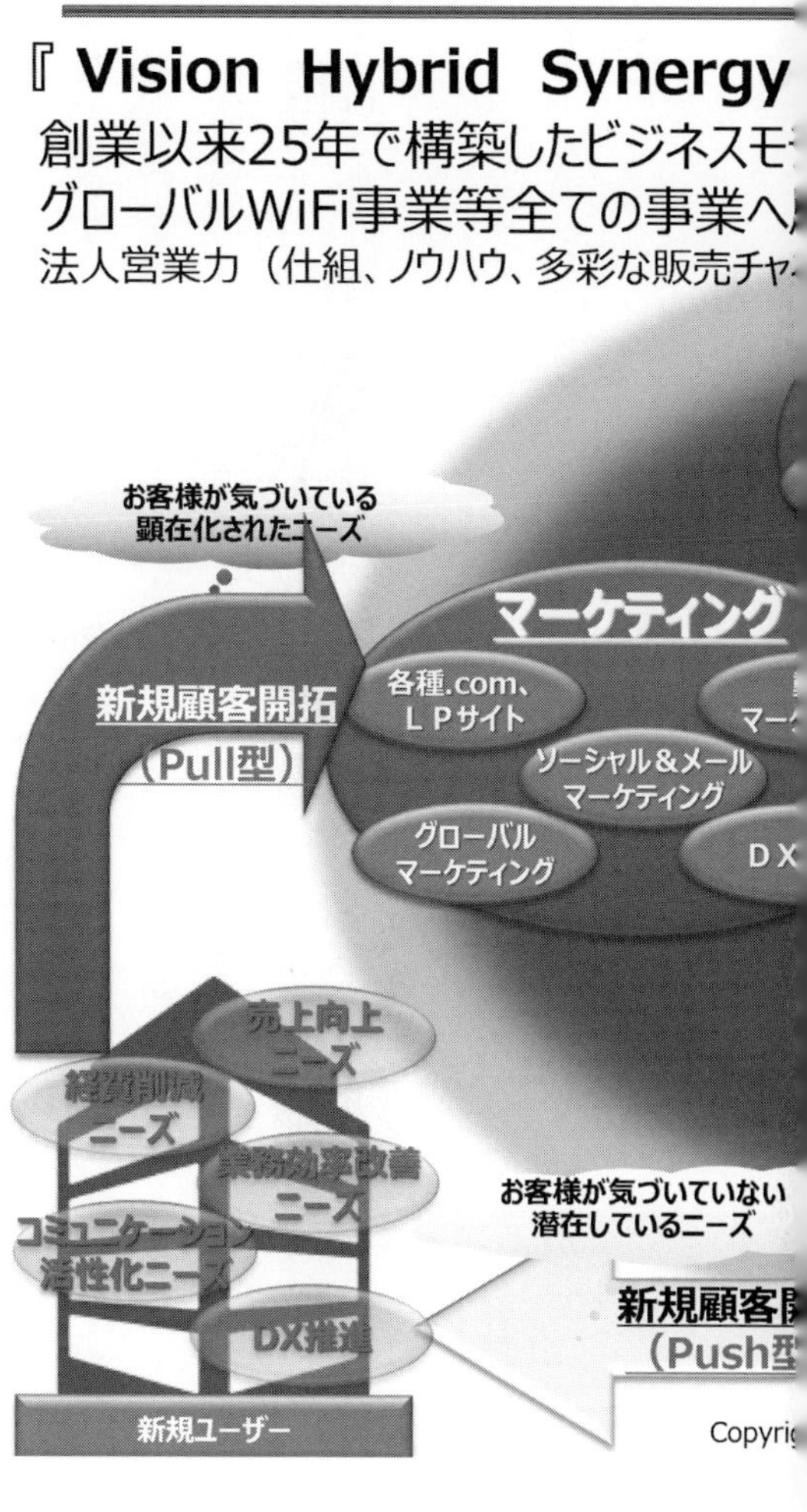
『 Vision Hybrid Synergy
創業以来25年で構築したビジネスモ
グローバルWiFi事業等全ての事業へ
法人営業力（仕組、ノウハウ、多彩な販売チャ
お客様が気づいている
顕在化されたニーズ
マーケティング
各種.com、
ＬＰサイト
ソーシャル＆メール
マーケティング
グローバル
マーケティング
DX
新規顧客開拓
（Pull型）
売上向上
ニーズ
経費削減
ニーズ
業務効率改善
ニーズ
コミュニケーション
活性化ニーズ
DX推進
お客様が気づいていない
潜在しているニーズ
新規顧客
（Push
新規ユーザー

する必要があると感じるようになりました。

たとえば、当社はお客様の売上向上やコスト削減などにどう役立つのか、それらをどういうやり方で実現するのかということを、きちんと設計図に落としたほうがいいと思ったのです。

そこでビジョンのビジネスモデルのグランドデザインとして、「ビジネスモデル設計図」を2012年に作成しました（76ページ参照）。

当社ではいま3カ月に1回、僕を始めとする経営陣や各事業部の部長以上が参加する経営合宿を実施しています。当時はまだそれほどの頻度ではありませんでしたが、経営会議の席で「ビジョンの資産は何か」や「お客様に対して、どんなことを、どんな手法で行うのか」ということを話し合い、設計図に落としていきました。

こういう設計図を作っておくと、自分たちはどんなことをする会社なのかということを、みんなにうまく伝えられるようになります。

「ビジネスモデル設計図」のポイントは、詳細な施策や戦術ではなく、自社のビジネスモデルの軸となる重要な事柄に、きちんとフォーカスできているかどうかということ。

当社の「ビジネスモデル設計図」には、その大事な軸の部分だけが図示されていて、もっとブレイクダウンされた戦術的な部分は、現場で個別に検討されています。

ビジョンがお客様に役立つための「4つの軸」

たとえば、この「ビジネスモデル設計図」の真ん中には、顧客データが当社の一番の資産だと書いてあります。

当社にとって一番大切な資産は人材ですが、あくまで「ビジネスモデルの中で」最も重要な資産、という意味です。

実際、これだけ多くのお客様を獲得してきた中で、膨大な顧客データをどう活用していくのか。具体的には、一度商品を購入していただいたお客様に、どうクロスセルを行い他の商品をお勧めするのか。あるいは商品買い替えの際に、どうアップセルを行うのかというように、既存顧客とのつながりをどう深めていくのかということが、大きな課題になっていたのです。

かつて当社の営業担当者が会社を辞める最大の理由は、商品を売ったあとに、お客様を守り切れないということでした。とにかく売ることが先決で、お客様のアフターケアがうまくできていなかったのです。

もちろん、100％できていなかったわけではないのですが、アフターケアが充実していなかったため、お客様を長くつなぎとめておくことができなかったという課題は、とても重かったのです。

そこで当社は第3章で後述するように、佐賀市にCLT（カスタマー・ロイヤリティ・チーム）という、お客様を徹底的に守ることを目的とするサービスデスク「ビジョン・フューチャー・ビジネスセンター」を設置しました。

お客様へのアプローチの手法についても、顧客データをもとにターゲティングを行ったお客様に対し、コールセンターでアプローチするプッシュ型の活用型と、インターネットメディアを使って集客を行うプル型を明記しています。

まずはこのように、最も大切な資産である顧客データの活用が第一で、その次に、ビジョンはお客様のために何をするのかという点で、

・お客様のコスト削減に役立つ

・お客様の業務効率の向上に役立つ
・お客様の売上向上に役立つ
・お客様の社内コミュニケーションの活性化に役立つ

という4つの軸を明確化しました。

そのほか「ビジネスモデル設計図」には、先に述べたインターネットメディアの活用による集客やプル型の顧客アプローチ、既存のお客様に対するクロスセル、アップセルといった手法についても記されています。

いま、僕たちがとても大事にしているのは、お客様が商品を欲しているか、もしくは欲している可能性がある瞬間にアクションを起こすこと。

たとえばお客様が商品Aを購入したとき、商品Aと一緒によく購入されている商品Bも買っていただける可能性が高まります。その意味で、お客様の商品の買いときを捉えたタイミングセールスをどう行うかが大きなポイント。

だからこそ、僕たちはネットで集客を行う際、ターゲティングやパーソナライズド・マーケティングを重視しているわけですが、それも「ビジネスモデル設計図」

の中心に掲げた、顧客データの活用を実践しているからこそできるのです。

こうしたグランドデザインをベースにしながら、具体的にどんな行動に落とし込んでいくのかは、現場が考えてくれます。

「ビジネスモデル設計図」は社内の主要な場所に貼ってあり、本社の社長室にもあります。そこに書いてあることを、全社を挙げて着実に実行しています。

WORK──自分のビジネスに置き換えて考える

〈スタートアップが持つべきマーケティングの思考〉

■あなたの事業が属する市場に「チャンスがある」としたら、どのようなチャンスでしょうか？
世間一般で言われるチャンスではなく、あなた自身の言葉で語れるチャンスをみつけましょう。

■特定の商品について、半年間の購入者のリストを出して分析しましょう。業界などの属性にどのような傾向がありますか？

〈商品・サービス開発〉

■あなたの事業でお客様から、商品やサービスに対する要望としてどのような声をもらったことがありますか？

■お客様からいただいている声は、商品やサービスの開発にどのように活かすことができそうですか？

〈ビジネスモデルの軸作り〉

■あなたは事業を通して、お客様にどのように役に立ちますか？

第3章

「お客様と最低15年付き合う」ための仕組みとチーム

1

「需要の掘り起こし」から、「確実にある需要」へのアプローチ

顧客基盤の厚さが会社の強さ

ビジョンの強みの源泉は、強固な顧客基盤。法人顧客は大手からスタートアップまで幅広く、毎月約2000社から受注をいただいています。なかでも、新設法人の約10社に1社が当社のお客様です。

グローバルWiFiのレンタル件数も年間約283万件（2019年度）に達していて、一度サービスを利用していただいたお客様のリピート率も極めて高く、継

続的にお付き合いすることができています。

こうしてご縁のできたお客様に対して満足度の高いサービスを提供し、長期にわたって取引を継続することで、安定的な経営を可能にするストック型のビジネスモデルが当社の大きな特徴です。

よほどしっかりしたビジネスモデルがなければ、ここまでの数字は出せないと自負しています。

海外投資家の反応を見ても、グローバルＷｉＦｉが彼らに非常に好評なサービスであることはもちろんですが、当社のビジネスモデルそのものにも、大いに興味を持って下さっています。

たとえば、営業担当者が社内の他の営業担当者にお客様を紹介する「エスカレーション制度」や、営業担当者の一人当たり生産性を高めるロジック、ＢｔｏＢのお客様に特化したクロスセルやアップセルが非常に利いている、ということへの関心が高いようです。

第3章では、こうしたビジョンのビジネスモデルの基盤となっている、仕組みと組織について話してみたいと思います。

ストック型のビジネスモデルで作る「究極のCRM」

最近ではいわゆる「サブスク（サブスクリプション）」に代表される、ストック型ビジネスは中長期的な収益を見込めることが利点だとみられています。でも僕たちは、お客様と長く付き合えることのほうに、ストック型ビジネスのメリットを感じています。

第一に、毎月ビジョンから請求が来ることがかなり重要なポイントです。最初は1通だった請求書が、2通になり、3通、4通になるうちに、お客様の経理部門や総務部門に僕たちの存在が定着していきます。

請求書には、ビジョンからコピーのトナー代で今月7万8000円ということなどが、いろいろ書かれています。

経理部門や総務部門の担当者が、そういうやりとりを見ているうちに、「この機械が故障したので修理してもらえませんか」とか「従業員が5人増えるので携帯電話を追加してもらえませんか」、「今度オフィスを移転するので相談に乗ってもらえませんか」と声をかけてくれるようになるわけです。

経理担当者も総務担当者も、自社との取引が多く、いろいろ相談に乗ってくれる業者に声をかけるほうが楽なのです。

それから、従来の売り方を改革するという意味でも、トップセールスに頼りがちな営業体制を見直すことも大事でしょう。

実際問題、企業がトップセールスマンを何人も生み出すことは不可能です。にもかかわらず営業部門がトップセールス頼みになっていると、彼らが体調不良になったり会社を辞めたりすると、部門の業績が落ち、組織がガタガタになります。

ですから営業部門についても、個人の営業力に頼らなくても、組織として高い営業力を発揮できる体制を作らなければなりません。

振り返ってみれば、光通信でトップセールスとして働いてきた僕が、唯一取れなかったお客様は、特定の業者に仕事をガッチリ任せている会社でした。

実際、数多くの営業担当者が出入りしている中で、「うちはもう決まった業者があるから、「ごめんね」とお客様にいわれたら、覆すのは極めて困難です。

ということは、答えは簡単で、われわれがそうなればいいわけです。

お客様が自己防衛してくれるようになれば、究極のCRM（カスタマー・リレーションシップ・マネジメント）が成立します。これにはとても勝てません。

僕たちが究極的に目指しているのは、お客様とそういう関係を作っていくことにあるのです。

そのためには第2章で話したように、お客様の声に耳を傾け、足りないものを追加、つまりアドオンしていくというアプローチが有効です。

自分たちで勝手に商品を開発するより、お客様が欲しているものを着実に形にしていくほうが、よいお得意様になってくれる確率が高くなるのです。

お客様と長く付き合うことを前提にビジネスモデルを構築

そこで僕たちは、商品を売ったら終わりではなく、お客様と最低15年お付き合いすることを宣言し、コピー機の販売事業を始めました。

お客様と最低15年お付き合いするという前提に立つと、お客様に対するアプローチが大きく変わります。

お客様のフォロー体制が変わるのはもちろん、他の商品やサービスを流通させることもできるようになり、長期にわたって築いた信頼関係をもとに、お客様のほうから連絡もいただけるようになります。

15年間も製品を使ってくれるので、ことあるごとに僕たちのことを思い出し、困ったことがあったら「ちょっとビジョンさんに聞いてみよう」と思ってくれるようになるわけです。

実際、当社の情報通信サービス事業は、

「ビジョンさんは回線をやっているんだから、電話機はないの？」

という声に応え、回線に電話機をアドオンする形でスタートし、そのあとにコピー機販売事業やホームページ制作事業も始めました。

そうすることで、お客様から寄せられたニーズに合わせた商品作りを手がけていったのです。

僕たちは、お客様と長くお付き合いする前提に立っているので、お客様のフォローに特化した専門チームも作りました。

詳しくは後述しますが、当社には約90名のコンシェルジュがいて、営業担当者から顧客対応を引き継ぎます。営業担当者はお客様に商品・サービスを販売したあと、フォローは一切しません。

営業担当者は営業活動をしている時間が長いので、お客様から問い合わせをいただいてもクイックレスポンスができないことが少なくありません。

そのため「なぜ電話してこないんだ」とお客様から叱られたり、「メールするのを忘れていました」というようなお詫びをしなければならなくなってしまいます。

実際、優秀な営業担当者になればなるほど担当件数が増えていくので、フォローが手薄になってきます。営業担当者の生産性は時間の使い方に大きく左右されるので、お客様のフォローを専門チームに任せれば、そのぶんの時間をすべて、新規開拓のために使う時間に変えることができるのです。

「適正利益」を心がけること

もう一つ、お客様と長く付き合ううえで重要なのは、適正利益を守ること。僕は営業担当者に対し、「一定以上の利益は取らないように」と話しています。とにかく「利益を取れ」といわれるこのご時世で、利益を取り過ぎたら叱られるのですから、数字で評価される営業担当者も、ある意味で辛いでしょう。

僕たちが扱っている商品やサービスには定価が決まっているものがある一方、定価がお客様に見える形ではっきり示されていないものもあります。

たとえば僕たちが営業力を活かし、後者の商品をたくさん売れば、メーカーに対して仕入価格の値引き交渉もでき、もっと安い値段で商品をお客様に出せるようになるでしょう。

ところが営業担当者は多くの場合、利益を出そうとするあまり、商品をもっと安く出せるのに、そのぶんを自社の利益にしようとしてしまいます。

それは、とくに悪いことではないのかもしれません。でも、その営業担当者がお

客様に商品を売ったあと、他の業者が来て、

「この商品、かなり高い値段で買いましたね」

といわれたら、お客様は「騙された」と思うに違いありません。

「あいつはいい営業担当者だから買ってやろうと思ったのに、暴利をむさぼっていたのか」と思われたら最悪です。

そうなったら、そのお客様はもう二度と取引をしてくれなくなるでしょう。

逆に、その営業担当者が商品を売ったあとに、お客様のところに他社の営業担当者が来て、

「この商品、かなり安く入れていますね。どこですか？　あっ、ビジョンさんですか、それじゃあ、うちはかなわない」

と、いわれるほうがいいではないですか。

そういう関係に行き着くためにも、暴利をむさぼることがタブーであることはもちろん、営業担当者が商品を高く売ることイコール営業力だと錯覚してはなりません。適正利益の範囲内で商売をすることが大切です。

お客様の「属性」を見据え、必要なものを必要な人に届ける

また、お客様と最低15年付き合うことを前提にするなら、売り方そのものを根本的に見直す必要があります。

たとえば読者の皆さんの中にも、引っ越しのときなどに洋服ダンスを開けたら、一、二度袖を通しただけで、あとは着ていない服があるのに気付いたという経験がある人もいるのではないでしょうか。

その服は、デパートの店員さんから「よくお似合いですよ」と勧められて買ったのかもしれません。でも、その服をほとんど着ていなかったのですから、結局、自分が欲しかったものを買っていなかったことになります。

実際、昔は、お客様があまり必要としないものを、その気にさせて買ってもらうことが営業力だと思われていたところがあります。

でも僕は、要らないものを人に売るのではなく、必要なものを、必要な人に適切

に売ることこそが重要だと思います。

そのため、僕たちは属性マーケティングに力を入れているのですが、商品を買って下さっているお客様はどんな業種の会社で、社長の年齢は何歳ぐらいか。あるいは、お客様にはどんな地域的な特性があるのか。さらに、そのお客様はどんなタイミングで、なぜ商品を買って下さっているのかという、広い意味での属性を明らかにしていくことで、どこにビジネスチャンスがあるのかがわかります。

そのうえで、そのお客様にアプローチできるような方程式を作るのです。

たとえば、当社の商品を買って下さっているお客様の属性を調べていく中で、スタートアップのお客様が多いことに気付き、そこにフォーカスするとします。

あるお客様は、今自分が何を必要としているかに気付いている、ニーズが顕在化している方で、自らネットを検索する中でビジョンのホームページにたどり着き、商品を購入して下さったのかもしれません。

逆に、属性的に「おそらくこの商品を必要としている」と考えられ、そのニーズにまだ気付いていない潜在的なお客様に対しては、こちらからアプローチしていくことになるわけです。

そのどちらの場合でも、今どんなお客様が、どのタイミングで、なぜ商品を買って下さっているのかという情報をタイムリーに捉えることで、より素早いアクションが可能になります。

たとえば、この時期はスタートアップの中でも介護系のお客様からの受注率が高い、というように、顕在顧客であるか潜在顧客であるかを問わず、トレンドは季節的な要因でも少しずつスイッチしていくものです。

そこで、そのトレンドのスイッチにいち早くキャッチアップしたうえで、こちらから潜在顧客に商品を提案していく一方、ニーズが顕在化しているお客様に向けては、Ｗｅｂサイトのコンバージョン率が向上するような修正を、タイムリーにかけていくのです。

そうすることで、お客様から相見積もりの依頼をいただくとか、お客様のほうから「この商品が欲しい」というご要望をいただけるようになります。

その商品の潜在的なユーザーに訴求することはもちろん、ニーズが顕在化している人たちに、商品を流通させられる仕組みを強化していく。それにより、お客様とのつながりを、より深めていこうとしているわけです。

同じ商品を売るにしても、こちらから提案したのか、お客様から求められて販売したのかでは大きく違います。

僕たちは、コピー機販売事業に参入するにあたり、今の時代のニーズに合わせ、インターネットを活用したビジネスモデルを組み立てながら、市場を開拓してきました。

それも、まだ目に見えない潜在的なものではあっても、顕在化できるチャンスが確実にあるからこそ、できたと思うのです。その意味で、営業はおそらくまだ進化し続けるでしょう。

2

ディフェンスとオフェンス、チームプレイ

営業担当者の「打席数」と「打率」を高めれば生産性が向上する

一方、これまで話してきたことと矛盾するかもしれませんが、僕たちは昔ながらの「どぶ板」営業も評価しています。

僕も、光通信の営業担当者時代、新人の頃には1日100件ぐらい飛び込みました。ところがそのうち、数字が取れるようになってくると、見込み客の管理ができ

るようになり、1日の訪問件数が30件ぐらいに減るわけです。

たとえば、1日で訪問した100件のお客様の中で、10件手応えのあるお客様がいて、そのうち5件から、その日に受注できたとします。

そうすると、おおまかに1日5件の見込み客がいることになり、1カ月の稼働日である20日間では、100件の見込み客がいる計算になります。その100件のうち約20％から確実に受注できるようになれば、構造的に目標を達成できるようになります。

こうしたことから、ビジョンでは営業担当者の生産性を非常に重視しているわけです。

光通信時代に自分なりのやり方で営業を極めたあと、ビジョンでも自らトップセールスをしながら、「もっと効率的に営業できるのではないか」ということを模索し続けてきました。

その一方で、日本とアメリカでは、なぜ企業の従業員一人当たり生産性にこれだけ差があるのかということにも、ずっと問題意識を抱いていたのです。

アメリカが日本よりも圧倒的に生産性が高い理由の一つに、国土の広さがあります。

アメリカは国土が広いので、顧客先を直接訪問するのが難しいことが多いのです。そのためアメリカではテレマーケティングやインターネット販売がいち早く発達しました。

僕たちもテレマーケティングを行っていたので、そこにインターネットを組み合わせれば、こちらから営業をかけるというより、お客様のほうから能動的にこちらに来ていただき、営業効率を高めることができると考えたのです。

第2章で、当社が、お客様を徹底的に守ることを目的とするサポートデスク、「ビジョン・フューチャー・ビジネスセンター」を佐賀市に設置し、そこで働くCLT（カスタマー・ロイヤリティ・チーム）のコンシェルジュたちが、顧客対応をすべて引き継いでいるとお伝えしました。

それにより、営業担当者がお客様対応に要する時間を減らすことで、生産性を大幅に向上させることができたのです。

たとえば、これまで顧客対応に追われて1日2件しか訪問できていなかった営業担当者が、1日に4件訪問できるようになると、1カ月の稼働日20日間で80件の訪問が可能になります。

つまり、野球でいえば月の打席数が20回だったバッターが、40回打席に立てるようにしたわけです。

とはいえ、バッターの打席数が増えても、打率が低ければヒットは数多く打てません。そこで、インターネットメディアを使い、お客様のほうから「この商品が欲しい」とアプローチをしてくれる、プル型のビジネスモデルを構築し、打率を高める仕組みを作ったわけです。

「ディフェンス力」を高めたからこそ営業力が向上した

野球に攻撃と守備があり、サッカーにオフェンスとディフェンスがあるように、ビジネスにも攻めと守りがあります。

当社でいえば、営業がオフェンスでCLTがディフェンスということになるでしょう。

当社のCLTに所属するコンシェルジュたちは、90％以上が女性で、とても優秀です。彼女たちは、当社の取引先企業の経営トップとも頻繁にやり取りし、強固な信頼関係を築いています。

そうした中で、

「今度オフィスを移転するんだけど、引っ越しとか原状回復はやっていないの？ビジョンさんで扱っているサービスで、全部手続きしてもらえないかな」

というところまで、お客様にガッチリ食い込んでこそ、本物のワンストップサービスが構築できると僕は思います。

当社が「ビジョン・フューチャー・ビジネスセンター」を設立したのは2011年7月のこと。同年3月11日に東日本大震災が起き、同センターの設立にあたって佐賀市と結んだ協定も当然白紙になるだろう、と地元の皆さんはあきらめていたそうです。

当時、役員3人でこの問題について話し合いましたが、僕は「どうしてもやりたい。いずれちゃんと復興するだろうし」といい、同意を得たのです。

そして3月末に、佐賀市と佐賀県と共同記者会見を行い、予定通り佐賀市に同センターを設置すると発表しました。

悩みに悩んだ決断でしたが、あのとき同センターを基盤とするＣＬＴの仕組みを構築していなければ、営業担当者の一人当たり生産性は伸び悩んでいたことでしょう。

営業担当者の日常業務の中に介在する人的な要素が多ければ多いほど、一人当たり生産性の最大値は低下します。とはいえ、法人向けビジネスではネット完結型の販売スタイルはなかなか難しく、対面営業は欠かせません。

ＣＬＴの仕組みは、そうした現場の矛盾を解決するうえで大きな役割を担っています。

コンシェルジュもプロフィットセンターである

ビジョンのビジネスモデルの特徴として、ＢｔｏＢのお客様に特化したクロスセルやアップセルが利いていることを、先に述べました。

当社の場合、日々お客様への対応を行っているCLTが、アップセルを推進する窓口にもなっています。

本来は、顧客対応のほか、お客様にこちらから商品・サービスを提案するつもりでセンターを作ったのですが、お客様のほうから声をかけていただくことのほうが圧倒的に多いので、お客様が商品を買い替える際のアップセルなどを、コンシェルジュが行うという流れになっていったのです。

一方、CLTがクロスセルを行うこともあります。

ということは、CLTは、プロフィットセンターの一つとしての役割を立派に果たしている組織だということになります。

ところが、CLTはサポートデスクで業務を行っているため、結局バックオフィスコストになるのではないかと、みんなが思うのです。「サポートデスクは稼がない部署だから」ということで、間接部門的な扱いになるのが普通です。

でも、事はトータルで考えなければいけません。

サポートデスクがなかったほうが効率がよかったのか、サポートデスクができたから効率が上がったのか。

当社の場合、明らかに、「ビジョン・フューチャー・ビジネスセンター」を設立したことで効率が上がりました。実際、CLTだけでも毎月、相当の粗利を稼ぎ出しています。

効率という意味では、CLTがお客様をきちんとフォローしているため、オフィスの移転や増設などの機会を逃さず、収益を生み出せるようになりました。加えて、商品の解約率も極めて低く、クレームもほぼ皆無です。

営業担当者が商品を売ったあとに、コンシェルジュがお客様をフォローしているので、言った言わないの行き違いが起こりにくく、ある意味で、営業担当者が受注した取引について、営業部門とCLTでダブルチェックがかかっている格好になっています。

営業担当者の中には、お客様と個人的な約束をする人もいて、仮に本人がそれをきちんと履行していなくても、会社側では追跡がほぼ不可能です。

だから当社では、営業担当者の名刺に営業所の連絡先を記入していません。お客様からの連絡はすべてサポートデスクにつながるようにしています。

そのため営業所に事務員を置く必要もなく、お客様からかかってくる電話のコール数も、その中身も人ごとにわかるので、クレームやトラブルの防止にも役立ちます。

異なる部門の営業担当者が顧客を紹介し合う「エスカレーション制度」

もう一つ、当社の特徴的なビジネスモデルが、社内の営業担当者がお互いに顧客を紹介し合う「エスカレーション制度」です。

企業によっては、隣の席に座っている人は敵であり、敵に塩を送るようなことはもってのほかだという話になるかもしれません。

当社でこの制度が生まれたのは、もともとさまざまな部門で親和性の高い商品やサービスを販売していたことが大きく関係しています。

たとえば固定電話と携帯電話。

僕たちがずっと代理店を手がけているソフトバンク(株)の商品でいえば、もともと携帯電話同士は「ホワイトプラン」サービスで通話料が無料になっていて、ソフトバンクも大々的にそれを宣伝していました。同社では、携帯電話-固定電話間も「ホワイトライン」サービスで通話料が無料になっていて、携帯電話-固定電話間の通話が多いユーザー企業の皆さんにとって、大きなメリットがあるのです。

じつは、この「ホワイトライン」は、その名前がつく前からソフトバンクと当社が共同でマーケティングを行ってきたサービスです。幸いなことに、テストマーケティングがうまくいったので、「ホワイトライン」と名前をつけさせていただき、サービスを開始したという経緯があるのです。

そうした中で、僕たちはお客様に固定電話をお勧めする際、

「社長、携帯電話もどうですか？　従業員の皆さんに携帯電話を支給されていますか？」

というように、固定電話の営業担当者が携帯電話も提案するようになりました。

その一方で、携帯電話の営業担当者も、

「固定電話のほうもどうですか？　ソフトバンクの携帯電話を使っていただくなら、固定電話もソフトバンクに替えていただくと、固定電話-携帯電話間の通話料も無料になります。ＮＴＴさんよりも基本料金が下がります」

と提案し、採用して下さったお客様が多かったのです。

ところが、販売する商品が増えれば増えるほど、一人の営業担当者にかかる労力は大きくなります。

新しい商品についての専門知識を得るのはもちろんですが、なにせ当時は、契約書ひとつをとっても紙ベース。そのため1件契約を取るのに2時間かかるというように、非常に手間がかかっていました。

そこで、数年前からソフトバンクと一緒にDX（デジタルトランスフォーメーション）を進め、契約を含めてフルデジタルで一連の業務を進められるように改善したわけです。

いずれにしても、お客様に携帯電話を勧めるときに固定電話を勧めても、固定電話をお客様に提案するときに携帯電話を一緒に勧めても、契約が取れることがわかったのは事実です。

とはいえ、携帯電話も固定電話も熟知している営業担当者はそれほど多くありません。そのため、おそらく説明不足から、両方とも受注できるケースが思うように増えなかったのも事実です。

さらには、固定電話担当の営業担当者が「携帯電話を勧めすぎると、肝心の固定電話をキャンセルされるのではないか」と思ったり、逆に、携帯電話担当の営業担当者が「固定電話を勧めすぎたら、携帯電話が売れなくなるのではないか」と心配することもありました。

そこで、もともと扱う商品が異なるのだから、携帯電話を扱うモバイルチームと固定電話チームとのあいだで、お客様を紹介し合う仕組みを作ろうと考えたのです。

固定電話チームの営業担当者なら、固定電話を売ることに専念しつつ、

「社長、ソフトバンクの携帯電話のほうもどうですか？　ソフトバンクの固定電話との間の通話料金も無料ですし、こんなメリットもあるんです」

といって携帯電話も紹介し、お客様が興味を示したらモバイルチームの営業担当者にアポイントを取り、説明に行ってもらい、契約もしてもらうのです。

逆に、携帯電話の営業担当者も固定電話の営業担当者にお客様を紹介するので、お客様を他の営業担当者に紹介した本人は自分の営業活動に専念できる一方、紹介を受けた営業担当者には、自分で能動的に営業活動をするほかに、他の営業担当者からパスをもらえるというメリットが生じます。

自分で契約を取っても、他の人に顧客を紹介しても100%の評価

ここまでは、誰でも発想できる、ごく当たり前のことでしょう。ところが、ここで決定的なカベに突き当たるのです。

それは、自分が他部門の営業担当者に紹介した案件の売上や利益を、互いに50対50で折半するという慣習です。

お客様を互いに紹介し合うと売上・利益が折半になると聞いただけで、紹介する側も、紹介される側も、やる気を失ってしまうのです。

そこで僕は、どうすればこの矛盾を解決し、営業担当者同士がお互いに、もっと積極的にお客様を紹介し合うようになるのかと考えました。

そこで思いついたのが、自分で契約を取っても、他の営業担当者に契約を取ってもらっても、同じ営業成績として評価しようということでした。

自分で契約を取っても100%の評価、他の人に紹介しても100%の評価にし

たとたん、それまでとは見違えるように、営業担当者同士がお客様を紹介し合うようになったのです。

実際、いいことづくめの話ですが、営業担当者同士が紹介し合って成約した案件について、会社側は2人の営業担当者に対して、それぞれ100%ずつ、合計で200%の評価をすることになるので、かえって損になるのではないかと思う人もいるでしょう。

当社では、売上は一切追わず、受注案件の粗利に連動したポイントで営業担当者の評価を行い、それが給与に反映されるというシステムを取っています。

ということは、紹介による受注案件については、2人の営業担当者にポイントを100%ずつ付与することになり、給与コストが増大するのは明らかです。

でも、そこにはいろいろカラクリがあり、僕たちはWebマーケティングで集客を行う際に膨大な広告費を使っていますし、ターゲティングリストを用いたテレマーケティングにも多額の通信料や人件費をかけています。

冷静に考えてみて下さい。毎月、固定費としてかかってくる営業担当者の人件費はさておき、営業担当者同士がお客様を紹介し合うことにかかるコストはほぼゼロです。

それなのに、給与コストの増大だけに目をやって、トータルのコスト、得られる利益について考えないのは駄目ではないか、と気付きました。

実際、Ｙａｈｏｏ！やＧｏｏｇｌｅなどの大手プラットフォームに支払う広告料や電話会社に支払う通話料を考えると、営業担当者に倍のポイントをつけても、トータルのコストとしては、こちらのほうが安いのです。

チームプレイを阻む「タテ割り組織」の弊害

とはいえ、「評価ポイントを2倍にして、大丈夫なのですか？」と、他の経営者によくいわれます。結局、他の会社では、異なる部署同士で紹介し合った案件の数字を、単純に折半しているケースがほとんどなのです。

僕は講演でも、エスカレーション制度の話は相当してきたのですが、社内紹介制度で評価ポイントをダブルカウントしているような会社は、当社以外に1社もありませんでした。

講演を聴いて下さった企業の担当者の方に、社内紹介制度について尋ねても、「うちは全然紹介がないんです」とか「そもそもタテ割りの組織なので」という答えがほとんどです。

当社の組織は決裁ルールの上では、タテ割りの形にはなっていますが、クロスファンクショナル（部門横断的）な横串を入れた構造にしているので、社内の風通しが非常によくなっています。

営業担当者については、だいたい2年タームでジョブローテーションを行い、担当する商品やサービスを変えるので、一人ひとりの知識や経験が広がり、他部門の事情や仕事の流れなども理解できるようになります。

これは、部門の垣根を越えて、組織が有機的に連携する文化を作ることを目指したものですが、考えてみれば、営業担当者同士が紹介し合った案件の数字を部門で折半するということ自体、タテ割り組織の発想に基づくものかもしれません。

本来、携帯電話を売るモバイルチームの営業担当者が、固定電話の契約を自分で取っても、お客様のフォローと契約業務に自分の時間を使わなければいけません。

本人としては、携帯電話の営業活動にあてる時間を増やしたいところですが、固定電話チームの営業担当者にパスを出せば、その案件を受注にまで結び付けてくれるばかりか、評価ポイントが100%自分に戻ってくるのです。

これでは誰もが、お客様を紹介したほうがいいと思うでしょう。

最終的に、紹介案件の売上や利益は、決算書では実際に契約した部門の数字になりますが、社内の管理会計上では、どちらの部署にも計上される仕組みになっています。

僕は、全社に向けた年始の挨拶の中で、エスカレーション制度について話すことが多いのですが、この制度はビジョンの営業力を支える、極めて大事なシステムなのです。

3
自走する組織と人材が成長の原動力

目標数字も現場がボトムアップで作る

次に、ビジョンが取り組んでいる組織作りと人作りについて述べたいと思います。

僕は「経営者にとって理想の組織とは何か」と聞かれたら、それは自ら主体的に考え行動する人材が、自分たちで目標を設定し、その達成に向けて自走してくれる組織だと答えます。

人や組織を動かすことに手を煩わされていると、本来、未来に向かって進むために振り向けるべき時間と労力が削がれてしまうからです。

今、ビジョンがどんな「自走する組織」になっているかというと、たとえば当社では、上から与えられた数字を達成するのではなく、各事業部が予算を作り、その達成に向けて自ら行動を起こしています。

そもそも、トップダウンで次年度の売上や利益の目標を決めると、経営側と現場とのギャップが出てくるものです。

経営側には常に数字をストレッチさせたいという思いがあるので、「みんなが最大限努力すれば、ここまではいけるはずだ」という感覚で数字を作りがち。「今期の実績がこうで過去の業績推移がこうだから、次年度はこの辺を絶対に達成するぞ」という調子で、経営側が大号令をかけることも多いでしょう。

もっと緻密に、積み上げ方式で数字を作っても、現場にとっては、それが上から与えられた数字に映り、「やらなければならない」という義務感がともなうことに変わりはありません。

そこで当社では原則的に、各事業部がフルボトムアップで予算を作ることにしています。最初は課長ベースで課内の予算を作り、さらに部長ベースで部内の予算を作り、事業部長ベースで事業部の予算をまとめるのです。

最終的には各事業部の事業部長と私とのあいだで、その数字はどういう根拠で作られたのかに加え、「ここはもっとこのぐらいまでいけないか」「大枠の売上と利益はこれぐらいでいいね」というすり合わせを行います。

自分たちで作った予算なので、「自分たちで責任を持って達成しよう」という意識は、上から与えられた数字をこなすよりも強いと思います。

ともすれば、現場から上がってくる数字は保守的なものになるかもしれません。そこで当社では、現場の成長意欲もしっかり反映された目標を定めるために、コンサバティブな目標数字と、ストレッチをかけた高い目標数字の両方を作成してもらっています。

最大値とミニマムの数字を両方見ながら、提示された数字の範囲内で、経営側の要望や、現場が自信を持って達成できるラインについて、お互い公平に話し合い、すり合わせを行っているので、各事業部の目標はここ数年ほとんど外したことがありません。

アクションプランの作成も、強みや弱み、市場機会、脅威の把握に役立つ「ＳＷ

ＯＴ分析」も、各事業部が自ら行ったうえで、ボトムアップで予算を作っているので、しっかりとした根拠があるわけです。

自走するからには、自分たちの事業には非常に詳しくなければいけないのはもちろん、自身の強みや弱みを自己分析できることにも意味があると思います。外部からの指摘ももちろん大切ですが、自己分析ができれば、修正すべき点を把握し、改善を重ねながら自走することができるからです。

採用に口は出さない。「離れて俯瞰する」ことで人は育つ

ビジョンにはこのように、自ら主体的に考え行動する「自走型人材」が数多くいます。

自走しながら修正を繰り返す中で、修正点が少なくなる一方、新たな課題も見つかっていくものです。

それらを一つひとつクリアしていく中で、本人のキャパシティーが向上し、やれ

る範囲が広がっているところに新たなチャレンジを加えていくのが、当社の教育方針。

その背景には、一つのことしかできない人ではなく、マネジメントもできるマルチプレーヤーを育てていきたいという思いがあります。

僕が人材採用の方針として話しているのは、ミスマッチ採用だけはやめてほしいということだけ。大枠の部分で、仕事に対して前向きであり、やる気がある人という、ベースとなる人材像はありますが、ビジョンにマッチする人だけを採用してくれれば、あとは任せるというのが僕のやり方で、採用に関して一切口出しはしていません。

というのも、たとえば営業部門と管理部門では人材ニーズが異なりますし、ビジョンは絶えず進化しているので、過去の採用基準で選ばれた人が、いま最適な人材であるとは限りません。だから、その時々の会社の成長に合わせて、最もふさわしい人材を、人事と現場がきちんとすり合わせたうえで、採用活動を行っていくことが大切なのです。

その意味でも、求める人材像に若干ファジーさがあっていいと、僕は思います。

同じ個性を持つ人を採ることは不可能ですし、仮に採用できたとしても、金太郎飴のような組織になってしまうでしょう。

それに、やはり何か光る個性を持つ人でなければ、「野生のサファリパーク」のような厳しい環境を、自分の力で生き抜いていける「自走型人材」には育たないと、僕は思うのです。

ビジョンが、自走する組織と人材を成長の原動力にしている以上、一人ひとりが自分なりの意見をきちんと持っていることが大切だということはいうまでもありません。

でも、これから僕たちの仲間になってくれる人たちは、ビジョンの商品やサービスを通じて、会社に対する考え方を表現することはまだできません。

だから、彼らがこれまでどんな働き方をしてきたのか、もしくは学生時代にどんなことをしてきたのか。その中で、何かリーダーシップを取れる立場にいたり、人に慕われる存在だったのか。もしくは人と積極的にコミュニケーションを取ることが得意であるとか好きという、一人ひとり異なる個性を大切にしながら、採用活動を行っていきたいと思うのです。

にもかかわらず、たとえば採用人数だけが先行すると離職率が上がってしまい、僕が面接すると「この人はやる気がありそうだ」というように、主観で人を見がちになってしまいます。

スタートアップのように、会社がまだ小さなときは、入社後に僕自身が教育できるので、僕が直感で採用しても責任が取れるでしょう。でもいま僕は教育する立場にはありませんし、現場の動向まで把握できていない僕が最終面接をすると、かえっておかしくなると思います。

その教育にしても、僕自身があまりとやかくいわないからこそ、人が育つのだと考えています。

僕が社員を叱るのは、いまは1年間に1、2回ぐらいしかありません。昔はかなり怒りっぽいほうだったのですが、あるとき気が付いたのです。結局は僕自身が駄目なのだと。

そもそも、自分の仲間たちを叱るというのはどういうことか。

自分が駄目だから、伝えるべきことがきちんと伝わっていないし、それが伝わっていないから、やるべきことがきちんとできていないのです。

だから会社のトップである僕が怒っているうちは、まだうまくいかない。怒れば怒るほど、自分の能力のなさが露呈するだけだと僕は思うのです。

考えてみれば、部下たちは、上司が何かを教えているときに育っているのではありません。教えられたことを一人でやってみるとか、自分で何かの意思決定を行ってみて、初めて育つのです。実際、僕が部下の真横にいるとき、部下はやはり僕に判断を仰いでしまうものです。

その意味で、僕は「離れて俯瞰する」ことと「近づいて細部を見る」ことのバランスが大事だと考えています。

いま現場にどんな矛盾や課題が起きていて、部下はそれを解決するために、やるべきことをしているのかどうか。現場に入って、そういう細部を見ながら適切な指導を行い、そのあとは任せて俯瞰する。

任せているから、俯瞰しているときにこそ、人は育つのです。

最初は意思の疎通がうまくいっていなかったので、僕自らが現場に入って距離感を縮めました。「なぜそうなのか」ということがわかるまで、部下たちに伝えるべきことを伝えたほうがいいからです。

そして、そのあとは離れて俯瞰するのです。

これは、とても忍耐が要る作業ですが、こうしたことを繰り返す中で、僕自身も仲間たちも成長してきたのだと思います。


僕は、「ＥＯ」という、年商１００万ドル以上の企業の若手起業家や創業者の世界的ネットワーク組織の日本支部である、ＥＯジャパンの第14期会長も務めましたが、ＥＯの活動はグローバルで世界を飛び回るので、会社にもなかなかいられなくなりました。

そのとき僕は、

「でも、ここで会社が伸びたら本当にみんなが育ってくれるだろう」

と感じたのです。

実際、そのとき彼らも逆に、「社長がＥＯの会長として飛び回っているあいだに、数字を落とすなんてことは、絶対にあってはならない」と思ってくれました。

「だからこそ、自分たちの手で、どんどん事を進めていこう」という気運が、その頃からいっそう高まってきたのです。

マネジメントもできるマルチプレーヤーを育てるジョブローテーション

僕たちが人材育成で重視しているのが、ジョブローテーションです。

当社の場合、ジョブローテーションの中で最も多いのが営業部内での異動。

先に話したことにも重なりますが、ビジョンの組織図にはタテ割りの決裁ルートに基づく組織があり、それらに横串を通したクロスファンクショナルな組織構造になっています。具体的には、営業部という大きなタテ割りの組織に、固定回線事業部やモバイル事業部、コピー機販売事業部などの横串が入り、さまざまな知識や経験を持つ社員たちが一丸となって全社的な課題の解決にあたるというものです。

営業部は責任者が一人で、彼のもとにさまざまな事業部や商材がぶら下がっているので、たとえばコピー機の販売を担当していた社員が、携帯電話を販売する部署に異動するということは日常的にあるわけです。

中には営業部から人事、総務に移る人もいますが、そのほとんどは個人の適性によるものです。大枠としては、職種が大きく変わることは少なく、営業職であれば同じ営業部の中で、扱う商品が変わることが多いのです。

僕はジョブローテーションを通じて、社員に対して基本的に2つのことを期待し
ています。

一つは、異動を通じて自分自身の生産性を高めてくれること。異動をきっかけに
して、さらに本人に活躍してもらうことが、第一の目的です。

もう一つは、以前の部署で扱ってきた商品に加え、新しい商品もお客様に提案で
きるようになってもらうこと。

いままで1つの商品しか提案できなかった人が、2つ、3つの商品を提案できる
ようになれば、生産性が大きく向上します。

実際、いままでコピー機を販売していた人が、固定回線事業部に異動した場合で
も、お客様のニーズに応えてコピー機も扱うことが普通にあります。

このように営業職の場合、扱える商材がどんどん広がっていくことが、ジョブ
ローテーションの大きな利点です。

その一方で、たとえばジョブローテーションを重ねて多くの経験を積み、営業にも管理業務にも精通した社員に内部監査を担当してもらう、ということも有効です。営業畑で数字を取る仕事を指揮したり、営業担当者が取ってきた案件をお金に換える、管理畑の経験をした人であれば、より適正な監査ができるようになるはずです。

さらに、その人が総務や人事に移ったら、営業部門や管理部門の特性や業務内容を理解したうえで、さまざまな判断ができるようになるでしょう。そうした中で、マネジメントスキルも磨かれていくと思います。

「自走型人材」は野生のサファリパークでこそ育つ

僕は、ビジョンはどんな会社かと聞かれたら、野生のサファリパークのような会社だと答えています。

それは、動物たちが檻の中で飼育されている動物園でも、ライオンやゾウやシマウマなどが各ゾーンに分かれて暮らしている観光地のサファリパークでもありません。観光地のサファリパークには弱肉強食の自然の厳しさもなければ、夜行性ということもありますが、百獣の王であるライオンがそこら辺で寝ているという、非常に守られた世界です。

同じ動物でも、生存環境が異なれば生命力はまったく違います。

おそらく観光地のサファリパークにいるライオンは、野生のライオンに出会った瞬間、一撃のもとに倒されることでしょう。

僕がイメージしているサファリパークはケニアの国立公園で、柵もなければ普通に弱肉強食の世界が広がっている一方、大枠として、外部から来るハンターから動物たちは守られています。

水場ではお互いに殺し合わないという、動物たちの暗黙のルールもある世界です。

その意味で、ビジョンのスタッフは、大枠としては会社に守られてはいても、厳しい弱肉強食の世界を、自分の力で生きていこうという姿勢を持っているところが、大自然の中にあるケニアの国立公園に生きる野生動物たちと共通しています。

そういう厳しい環境を、自分の力で生きていくという姿勢の部分も、「自走型人材」のニュアンスとしてはあるわけです。

結局、会社が何かをしてくれるのではないかという期待感より、自分たちで会社をよい方向に変えていこうという意識のほうが大切なのです。

詳しくは第6章で述べますが、僕はつねづね「経営は自由だ」と話しています。経営はもちろん、採用のあり方にも別に「こうでなければいけない」という決まりはなく、学歴がある人が優秀な人材とも限りません。

だから僕は、人事担当者がビジョンにマッチした人材を採用することにコミットさえしてくれれば、当社に入社した人たちは、激しく変わる環境に、おのずと適応できるようになっていくと思います。

4

経営ボード
――「自走する組織」の36名のブレーン

36名のリーダーがリアルタイムで情報を共有

ビジョンの組織における大きな特徴は、僕を含めて、部長職以上の36名（関連会社含む）のリーダーたちが、経営ボードのメンバーとして経営会議に参加していることです。

当社の場合、経営会議は会社の業務執行に関する意思決定を行う場で、会社経営全般における意思決定をしているのが取締役会議です。経営ボードでは、週1回の進捗会議で、リアルタイムで正確な情報に基づき、問題の早期把握、対応策の決定、効果の検証などを行っています。

経営ボードのメンバーは実力者揃いで、しっかり結果を残して部長職以上に昇進した社員たち。経営陣が選んでいるのではなく、野生のサファリパークで繰り広げられている厳しい生存競争の中で勝ち上がってきた人ばかりです。

メンバー36名のうち95%がプロパー社員で、ビジョンのこれまでの歴史や変化を共有し、会社の文化を大切にしてくれているメンバーが揃っているということが、数字などには表れない大切な部分だと思います。

僕が経営ボードを作る必要性を感じた理由は、一にも二にも情報共有。

どんな事業にもリスクは存在し、たいていは、経営者なら「これがこうなった場合、こうしたリスクがあり得る」と頭の中では想定しているものです。

ところが、中には予期せぬリスクもあって、社長はそれにいち早く気付かなければいけません。

たとえば社長が、このままいけば、キャッシュフローが半年後にマイナスになることを知らず、その2カ月前に経理から聞いたとなると、会社倒産に至るリスクが非常に高くなります。でも、遅くとも半年前に気付いていれば、まだ手の打ちようもあるはずです。

だからこそ、社内の風通しよく、仲間たちと情報をリアルタイムにきちんと共有できる仕組みを作ろうと考えたのです。

週1回の「健康診断」で課題を小さなうちに把握

経営ボードでは、週1回の進捗会議で、各部門の損益をみながら、各部門がいまどういう状況にあるのかを報告してもらう「健康診断」を行っています。

たとえば後述するように、新型コロナウイルス感染症の世界的な流行で、当社の屋台骨であるグローバルＷｉＦｉ事業の一時停止を余儀なくされている中、その他の事業にはコロナ禍でどんな影響が出ているのかについて、情報を共有しています。

当然ながら、コロナ禍の影響には、悪いものもあればよいものもあるわけです。

いずれにしても、矛盾や課題は、小さなものであっても見過ごしてはなりません。

やはり、いま解決しなければならないことを、明日ではなく、いま解決していくことがマストです。そこにプライオリティを置き、優先的に解決しなければならないレベルの課題があれば、それをみんなで共有し、改善していこうというわけです。

実際、どんな会社でも、現場に小さな矛盾や課題は山積していると思うのです。その小さな問題が、いずれ大きな問題になり得るということに、早くから気付けるかどうかが大切です。問題が、まだ小さなうちに、リアルタイムで上がってくるという意味でも、この経営ボードには大きな価値があります。

週1回の進捗会議では、各部門の損益報告のほかにも、たとえばどの部門で誰が離職するのかという情報も絶えずアップデートし共有しています。

社員が離職するからには、何かしら問題があるからです。

家庭の問題で会社を辞める場合もありますが、ともすればビジョンのファンではなくなった、あるいは「ビジョン愛」が低下した可能性もあるわけです。

だとすれば、そういう社員のロイヤリティや従業員満足度の低下が連鎖するリスクは元から絶たなければいけません。そのためには、離職する社員が所属する部門のリーダーがその理由をきちんと把握し、それが経営ボードのメンバーに共有されていることが非常に大事だと思います。

これは、見えない課題を見える課題に変えていくうえでも重要です。目に見えない課題は解決できませんが、それが目に見える形になれば解決の糸口が生まれてきます。

あるいは逆に、表面的には変えたほうがいいように見えても、実質的には変えないほうがいいこともあるわけです。本当は問題ではないことが、説明の仕方や見え方、あるいは情報の受け手の捉え方によって、事実が誤解されている可能性もあります。

だからそういうことを、情報共有をベースに「なるほど、それはそういう意味なんですね。だからそれは変えないほうがいいですね」ということをきちんとフィードバックしてあげることが大事だと思います。

説明不足で誤解が引き起こされていることもあるので、「それは本質的にはどうなのか」ということが、みんなにわかることが非常に大事です。

ネガティブな情報ほど早く上がる組織

進捗会議では毎週、各部門の損益数字も共有しているので、36名の経営ボードのメンバーは、いまどの部門の調子がよく、どの部門の調子が悪いのかをリアルタイムで知っています。

「あの部門の業績が最近よくない」とか「彼の部署でトラブルが起きているようだ」ということを後から聞いたら、どこかの部署に手助けをしてもらい、数字をリカバリーしようとしても、もうほとんど意味がない状態になっているかもしれません。

それだけに、全社のいまの状況をタイムリーに把握し、かつ会社の方向性もきちんと理解している人が、これだけ揃っていることは非常に大きな強みです。

そういう中で、僕自身が週1回の「健康診断」で最も気にしているのは、どの部門、あるいはどんな業種業界や顧客先が伸びているのかという、マーケットの変化に関する情報です。

たとえば現在のコロナ禍で、この業界がこれぐらい落ち込んでいる一方、あの業界では逆にこれだけ伸びているというトレンドの変化を、そこでキャッチアップすることは非常に重要になっています。

なかでも当社のビジネスにとって重要性が高い、スタートアップの企業数が増えているのか、減っているのかという情報に関しては、世の中のトレンドよりも、僕たちのほうがずっと早くつかんでいると思います。

トレンドの変化を捉えて、スイッチをすぐに切り替える意思決定ができる態勢にあるかどうかが、非常に重要だからです。

その意味で、各部門の損益数字には、この部分が不健康だということを示す何らかの症状が出ていることが少なくありません。

僕たちは上場企業なので数字の締めが早いということもありますが、数字の締めが遅いと、何か問題が起きているときに手を打つのが遅くなるので、致命的だと思います。

業績がよいときは問題にならなくても、何かのきっかけでトレンドが逆回転し始めたときにはすでに、どこから手を打っていいのかわからないような状態になっている可能性もあるのです。

それゆえ数字の締めが遅いと、「ここが悪かった」「あれが悪かった」という事後的な話しかできなくなる恐れがあります。「いま、この数字がこう悪くなりつつある」というように、トレンドの変化が現在進行形でわかるのと、「この数字がこう悪くなった」と事後的にわかるのとでは、何らかの手を打つタイミングに、数カ月のタイムラグが生じてしまうでしょう。

そうであればこそ、会社の現在の実情や、業界の動向の変化といった情報が、どれだけタイムリーに早く僕たちのもとに集まってくるかで、意思決定のスピードが大きく変わるということになるわけです。

当社の経営ボードのメンバーは、みんなこういう感覚を持ってくれていて、「ここがこう変化しそうだ」というトレンドの変化については、ネガティブな情報ほど早く報告してくれるので、非常に心強いと思っています。

経営ボードのメンバーは来年も同じ顔ぶれとは限らない

経営ボードは、「よかったね、目標達成おめでとう」と、お互いがお互いを褒め讃え合う場ではありません。

そもそも僕は、各部門が目標を達成しても、それを褒めたことがほとんどないのです。経営ボードのメンバーも、僕に褒められるために仕事はしていません。逆に、僕に褒められて喜んでいるようでは半人前で、僕しか見ていないようではこの先の成長もないでしょう。

ビジョンが上場企業であり、「自走する組織」である以上、いまは僕が一番、会社の業績を伸ばせるからCEO（最高経営責任者）の地位にあるだけで、来年も僕がCEOであるかどうかはわかりません。

同様に、役員も経営ボードのメンバーも、来年も同じ顔ぶれであるかどうかはわからないのです。役員には2年の任期がありますが、次回また選ばれるように頑張ろうと話しています。

経営トップも役員も、経営ボードのメンバーも、つねに戦いながら、新陳代謝はいつでもあり得るわけです。なかでもCEOである私とCFO（最高財務責任者）、COO（最高執行責任者）の3人の取締役が成長していかなければ、会社は発展しません。

会社によっては、社長以下、経営陣の顔ぶれが固まっているところもありますが、守りに入っているからそうなっているのだと思います。

攻めることは難しく、守るほうがある意味、簡単だからかもしれません。

いずれにしても、経営ボードのメンバーの中から、将来のビジョンを背負って立つ経営幹部が育っていってほしいと思います。

経営ボードのメンバーは、基本的には一つの業務しかできない人はNG。一人ひとりがやれることの幅を広げていくことが大事だと思うので、当社では、マネジメントのできるマルチプレーヤーを育てるという方針のもとで、ジョブローテーションを適度に行っていることは、先にも書いた通りです。

ビジョンでは、経理や人事、総務、法務などの本社のスタッフは、ほぼ営業出身者。Ｗｅｂマーケティングチームもほぼ営業出身者です。

この業務はどうやって成り立っているのか、どこと協力してやっていかなければならないかをよくわかっていることを、自分が営業を担当した経験からもあるのですが、僕たちは重視しているからです。

あとは、実際にその業務を誰がやるかが重要なので、一人ひとりの社員の汎用性が高ければ、その中からいま最も適切なメンバーをアサインできることになり、事業成功の確率はいっそう高まります。

共通言語は「営業経験」

加えて、どの会社でも、営業部門と経理部門、あるいは製造部門との仲が悪いということがよくありますが、当社の経営ボードでは全部門の部長職以上の管理職が毎週顔を合わせているので、部門間の風通しはかなりよいと思います。

プライベートの時間まで一緒にいるかどうかはわかりませんが、36名の経営ボードメンバーは基本的に仲がよく、一人ひとりが優れたものを持っていて、お互いに実力を認め合っているので、「あいつは駄目なやつだ」というような中傷はほとんど聞こえてきません。

いま担当している部門は違っても、共通のルーツとして営業を経験し、多くの部門で揉まれてきたメンバーばかりなので、相手が話していることを、自分の立場に置き換え、理解することができるのです。

なお、マネジメント層の社員については、必ずしも本人を異動させなくても、ジョブローテーションと似たようなトレーニングをすることが可能です。

たとえば彼のもとに、まだ担当したことのない部門をぶら下げることで、未経験の事業や業務プロセスを学んでもらうことができるのです。

自分が経験したことのない分野をマネジメントするということ自体、かなりハードルの高い話ではありますが、どうすればうまくいくのかを真剣に考え始めるので、そこで目標を達成すれば、大きな力がつくのです。

ビジョンは本当によいチームになっていると、僕は思います。

僕以外の36名の経営ボードのメンバーなら、将来誰がCEOになってもCFOになっても、COOになっても、当社は伸びていくと自信を持って断言できます。

取締役は、執行役員や部課長の最大の応援団になれ

会社全体のマネジメントについて、もう一つ付け加えると、僕は「取締役は執行役員や部課長の最大の応援団になろう」と話しています。

応援団といっても、エールを送ることが取締役の仕事ではありません。そもそも、エールを送らなくてもみんなが頑張ってくれるでしょう。

そういうことよりも現場の困りごとや矛盾、課題の解決に力を尽くすこと自体に、取締役の意味があるのです。

ほかにも、会社をよくしていくための改善点を見つけることや、現場の業務がうまくいくための仕組みを作る、あるいはそのためのヒントを与え続けていくことが、上司の仕事としては大切です。

現場の困りごとや矛盾、課題をそのままにしておくと、営業成績が上がらないのはもちろん、個人のモチベーションも低下し、はては組織崩壊に至ります。

その意味でも、障害はぜひとも取り除きたいところです。問題が生じている部分を改善し、日々の業務をやりやすくしてあげることが先決でしょう。

いつも頑張っているのに、やはり駄目になるというボトルネックが仕事に存在すると、現場のモチベーションは大きく下がります。モチベーションを高めようとして、新しいことにどんどんチャレンジしても、結局、新しいことは現実化しないことのほうが多いものです。

だから、それよりむしろ、目の前にある小さな課題を解決していくほうが先で、その力を持っているのが上司であり、取締役だと思うのです。

本章でも話した通り、もともとビジョンの社員は、強い生命力や野生の本能の持ち主ばかりですから、日々の業務をやりづらくする障害が取り払われれば、彼らは目標に向かって全力で走り出すことができるようになるでしょう。

WORK──自分のビジネスに置き換えて考える

〈お客様と長く付き合うためのビジネスモデル作り〉

■お客様と長く付き合う前提に立った時、あなたの会社のビジネスモデルのうち見直すべき点はありますか？

〈お客様と長く付き合うための社内の仕組み〉

■お客様と長く付き合う前提に立った時、社内の仕組みで変えるべき点はありますか？

第4章

「今日から『世の中の会社』だ！」

――会社創業から22年目で東証一部上場

1

オーナーシップ依存型からの脱却

上場は企業成長の一つの選択肢

起業を目指す人にとって、会社を成長させて株式上場をはたすことは、一つの大きな目標であり、夢かもしれません。

ただし、会社を大きくすることがよいことだというのは、僕はある意味で錯覚だと思っています。

規模は小さくても素晴らしい会社はたくさんあるからです。

アチーブメント出版　書籍ご案内

http://www.achibook.co.jp

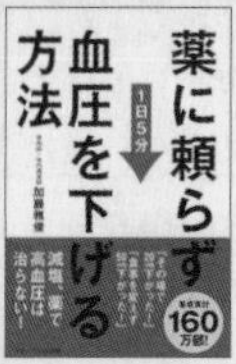

薬に頼らず血圧を下げる方法

25万部突破！

加藤雅俊／

血圧を下げるのに、降圧剤も減塩もいらない！　薬剤師・体内環境師の著者が教える
たった1分の「降圧ツボ」と1日5分の「降圧ストレッチ」で血圧を下げた人が続々！
血管を柔軟に、肺活量をアップして、高血圧体質を改善する方法。

◆対象：高血圧の人、減塩食や降圧剤に嫌気がさしている人

ISBN978-4-86643-005-8　B6変形判・並製本・192頁　本体1,200円＋税

学び方の学び方

バーバラ・オークレー & オラフ・シーヴェ／
宮本喜一／訳

オックスフォード大、ハーバード大、イェール大、MIT、東大、北京大。300万人が学んだ
の仕組みを活用した学習法。語学、プログラミング、料理、スポーツ……。どんなこと
も必ず身につく神経科学と認知心理学に基づいた10の戦略。

◆対象：勉強しているのに結果が出ない、いつも先延ばしにしてしまう人

ISBN978-4-86643-088-1　四六判・並製本・296頁　本体1,600円＋税

一生折れない自信がつく話し方

青木仁志／著

40万人以上に研修し、300名を超える講演家を育成したトップトレーナーが教える話
し方。自信をもって話せるようになることで、行動力・意思決定力・継続力、人生で叶
えたいことを実現するために必要な能力が向上。

◆対象：人前でうまく話せない人、自信をもって話せるようになりたい人

ISBN978-4-86643-080-5　四六判・並製本・200頁　本体1,350円＋税

勝間式　超ロジカル家事（文庫版）

勝間和代／著

5万部突破のベストセラーを文庫化！「家事のすべてが超めんどう」「貯金がまったく
増えない…」をスパッと解決！　現代最強の効率化&経済の専門家が教える、家事と家
計を徹底的にラクにする方法。

◆対象：家事をめんどうに感じる人、家事に追われている人

ISBN978-4-86643-089-8　文庫・並製本・268頁　本体670円＋税

薬に頼らず
子どもの多動・学習障害をなくす方法

藤川徳美／著

かんしゃく、無気力、朝起きられない、勉強についていけない……といった「困りごと」

や、ADHDや学習障害、自閉症などの発達障害は、質的栄養失調が原因だった！

心と体が不安定な子どもを薬に頼らず改善させる、食事のとり方がわかる一冊。

◆対象：子どもの不調が気になる人、子どもの心と体を食事で健康にしたい人

ISBN978-4-86643-059-1　四六判・並製本・208頁　本体1,300円＋税

〒141-0031　東京都品川区西五反田2-19-2 荒久ビル4F
TEL 03-5719-5503 ／ FAX 03-5719-5513
[公式ツイッター]@achibook
[公式フェイスブックページ]http://www.facebook.com/achibook

食べる投資　ハーバードが教える世界最高の食事術

満尾　正／著

最新の栄養学に基づく食事で、ストレスに負けない精神力、冴えわたる思考力、不調、痛み、病気と無縁の健康な体という最高のリターンを得る方法。ハーバードで栄養学を研究し、日本初のアンチエイジング専門クリニックを開設した医師が送る食事術。

◆対象：日々の生活や仕事のパフォーマンスを上げたい人

ISBN978-4-86643-062-1　四六判・並製本・200 頁　本体 1,350 円＋税

眠る投資　ハーバードが教える世界最高の睡眠法

田中奏多／著

昼の生産性は夜の過ごし方で決まる！　一流のビジネスパーソンは“動くための休み方”を熟知している。超多忙な毎日でも睡眠に投資することで脳ネットワークを調整し、パフォーマンスを発揮。心と脳と身体を整え、究極の眠りを手に入れる方法。

◆対象：仕事でよりよいパフォーマンスを発揮したい人

ISBN978-4-86643-081-2　四六判・並製本・196 頁　本体 1,350 円＋税

薬に頼らずアトピーを治す方法

宇井千穂／著

40 万部ベストセラーシリーズ最新刊！　人気女優も足しげく通うアトピー性皮膚炎の名医が教える治療法を漫画入りでわかりやすく解説！　ステロイド・抗アレルギー薬に頼らない体質改善法を紹介。

◆対象：アトピーに悩んでいる人

ISBN978-4-86643-091-1　B6 変形判・並製本・188 頁　本体 1,300 円＋税

きみと息をするたびに

ニコラス・スパークス／著
雨沢　泰／訳

著者累計 1 億 500 万部！「ニューヨーク・タイムズ」でもナンバーワンとなった話題の一冊、ついに日本上陸！　大人の男女が出会い、数十年の月日と大陸を超えた愛を伝える、一大恋愛叙事詩。

◆対象：ラブロマンスが好きな人

ISBN978-4-86643-078-2　四六判・並製本・352 頁　本体 1,500 円＋税

天気が良ければ訪ねて行きます

イ・ドウ／著
清水博之／訳

韓国で 20 万部突破！　パク・ミニョン × ソ・ガンジュン豪華共演のドラマ原作本、ついに邦訳刊行！　心温まるヒーリングロマンス。傷つくことを恐れる人、傷つくことに疲れた人。それぞれが再び人生を歩み始めるまでの、心温まる愛の物語。

◆対象：韓国ドラマが好きな人、ラブロマンスが好きな人

ISBN978-4-86643-087-4　四六判・並製本・424 頁　本体 1,500 円＋税

グラッサー博士の選択理論　全米ベストセラー！

～幸せな人間関係を築くために～

ウイリアム・グラッサー／著
柿谷正期／訳

「すべての感情と行動は自らが選び取っている！」

人間関係のメカニズムを解明し、上質な人生を築くためのナビゲーター。

◆対象：良質な人間関係を構築し、人生を前向きに生きていきたい人

ISBN978-4-902222-03-6　四六判・上製本・578 頁　本体 3,800 円＋税

実際、小さくても儲かっている会社もあれば、大きくても儲かっていない会社があることも事実です。

僕の感覚でいうと、小さくても素晴らしい会社の中から、会社と事業の成長にともない、上場を目指す経営者が出てくることが大半で、最初から上場を目標にして会社を作った人は、むしろ少ないのではないかと思います。

社外の人たちから求められ、社内の仲間たちに求められ、結果がともない、次のステージを目指して頑張ろうという気概が生まれ、ＩＰＯ（新規株式公開）というステージが見えてくるものだと、僕は理解しています。

もちろん、起業当初から株式上場を目標に設定している起業家もいます。でも当社の場合も、当初は上場は頭になかったのですが、会社の成長にともない、ステークホルダーに求められ、僕たちも「より社会に必要とされる企業になりたい」と思うようになり、上場を目指そうという機運が高まったのです。

会社の成長ストーリーとしては、上場は事業がうまくいったその先にあるものです。

僕自身も一人で会社を始めたわけですし、フリーランスで働く人たちも一人で独立開業したのです。

その先に、事業が成功を収める中で、世間が後押ししたり、本人がそうなりたいと思ったときに、上場は初めて実現するのです。

その意味で、最初の一歩はどうであれ、いずれ社会に求められれば、上場という新たなスタートラインに向かうということが、一つの選択肢として浮かび上がってくるのだと思います。


実際、企業側が上場したいと思う以上に、金融業界の皆さんがＩＰＯの候補企業を一所懸命に探しています。

自分たちの存在が彼らの目に留まり、上場を勧められることもあるでしょう。その際、上場にともなうメリットやリスクについて話を聞き、そこでギアが入る企業も出てくると思います。

一つ付け加えると、上場によって、エクイティファイナンス（新株発行による資金調達）による資金調達もできるようになり、いままではやりたくても資金的に難しかった事業にもチャレンジできるチャンスも生まれます。

これらを、次のステージに向けた成長を実現するための手段として活用するかどうかは、あくまでも読者の皆さん次第です。

そういう前提のもとに、ビジョンが上場した経緯について、本章では話していきたいと思います。

創業者だけが儲かるのでは上場の意味がない

ビジョンは2015年12月21日に東証マザーズに上場し、翌年12月21日に東証一部に市場変更を行いました。

会社創業から22年目に、一代で東証一部に上場したので、話題にもなりましたが、じつは僕はそれ以前にも上場を勧められ、断っていたのです。

いまでこそ当社は、お客様が能動的に来てくれるロジックやビジネスモデルを強化してきたので、構造的に利益が出やすい体質にかなり近づきましたが、その頃はまだ、僕たちが能動的に動かなければ利益が出ない時代でした。

株主の皆さんに示した予算をしっかり達成できるビジネスモデルが組み上がっていないと、せっかく上場しても矢面に立つことが多くなる。それで辛くなって、上場を廃止してしまったら意味がなくなってしまいます。

また、最初に上場を考えた頃はまだ情報通信サービス事業だけで、当社の成長を大きく牽引したグローバルＷｉＦｉがない時代でした。そのため会社の株式時価総額も、今の10分の1以下にしか評価されていませんでした。

にもかかわらず、業績を四半期ごとに開示し、予算も四半期単位で追わなければならないほか、やりたいことも制約されるとなれば、多額のコストと労力をかけて上場しても、儲かるのは僕だけということになるので意味がないと思い、断ったのです。

結局、経営者が自分のお金ばかりを気にしていると、事業に対する思いと従業員に対する思いが一致しなくなるのです。

実際にそういう会社が、上場したはいいものの、鳴かず飛ばずの状態になっているのを、僕は数多く見てきました。

上場企業には、ガバナンスコストや監査報酬を始め多額の費用がかかるほか、Ｉ

Rも含めて上場維持のために費やされる時間や労力にも相当なものがあります。だとすれば、上場する前に、もっと自分たちが企業価値を評価してもらえる企業に変わらなければならないと、僕は考えました。

上場を目標にして走り続け、上場達成というゴールにたどり着く喜びは格別だと思いますが、僕たちは一度立ち止まり、第3章で話したような当社独自のビジネスモデルの構築に力を注いだのです。

株式上場を決めた3つの理由

その後、当社初の自社ブランドサービスであるグローバルWiFi事業を2012年に始めてしばらく経った頃、同事業がブレイクする気配がみえてきて、そこから僕はまた上場を意識するようになりました。

忘れもしない2013年1月4日、年初のオンラインキックオフミーティングで僕は全社に向けて挨拶し、

「2015年を目標に上場します。みんなで頑張ろう！」

と宣言しました。

その際、社員に向けて、何のためにビジョンは上場するのかという3つの目的を伝えたのです。

それは第一に、社員の資産形成です。

当社には退職金制度がありません。当社で働く中で、社員は数多くの無形資産を得ることはできますが、上場を機会に社員持株会を作り、資産形成の支援をしたいと思ったことが第一です。

二番目が、先にも話した資金調達方法の多様化で、株式を上場することにより、従来のデット（銀行借入や債券発行による資金調達）だけでなく、エクイティファイナンスもできるようになります。

そのため、今後事業を拡大していくうえで、ファイナンスが必要になったときの手段を増やすことが可能になります。

そして三番目がブランディング。

僕たちはずっとＢｔｏＢビジネスを手がけてきたので、世間的には無名の存在でした。だからビジョンという会社をもっと世に知ってもらいたい。また、上場企業としての信用力も活かし、みんながもっと営業しやすくしたいということが、僕が上場を決断した理由です。

ちなみにその頃、当社ではもう十数年も、会議や全社に向けたメッセージの発信はオンラインで行っていました。

2013年の年初のメッセージを全社に生配信したあと、僕はすぐに空港に行き、台湾行きの飛行機に乗ったことを、いまでもよく覚えています。

マザーズ上場後1年で東証一部に指定替え

上場準備も予定通り進み、先にも記した通り、当社は2015年12月21日に東証マザーズに上場しました。

当社が東証マザーズに上場したその日、証券会社の担当者から、

「ビジョンさんなら、来年の同じ日に東証一部に行ける可能性があります」

と僕は打診されたのです。

でも、東証一部に行くには厳しい上場基準をクリアする必要があります。そのた

めには相応の準備が必要で、克服しなければならない課題もありました。

そこで僕は、「1日だけ考えさせて下さい」といって返事を待ってもらいました。こういうことは、長く考え続けてもよい結論が出せるとは限りません。むしろ、直感で判断したほうがいいこともあります。

ただし、これは会社の将来に関わる大きな問題なので、僕は経営会議を開いて経営ボードのメンバーと話し合いました。

東証一部への指定替えによるデメリットにはどんなものがあるのか。また、指定替えのために何をやらなければいけないのか、といったことを確認し、「これならできそうだ」という感触を得て、「じゃあ、やろう」と、その翌日に決めたのです。

実際、東証一部への上場のためには、さらに厳しい審査をクリアしなければなりません。たとえばM&Aを実施するにしても、上場基準を満たしていない企業を買収した場合、その会社に上場適格性があるかどうかの審査が必要になるため、不用意にM&Aを行うことができないのです。

例を挙げれば、時間外手当の支払いルールが明確かつ適法に行われ、取引先の与信管理がきちんとできていて、月次決算は遅くとも翌月の10営業日ぐらいまでに完了させられる体制が整っていなければ、東証一部上場企業にはなれません。

だいたい、非上場の買収先企業にはそういう体制は整っていないのが普通です。

上場基準に話を戻すと、幸いなことに、当社には流通株式数（比率）が上場株式の35％以上あったので、東証マザーズの上場基準である25％はもちろん、東証一部の上場基準である35％もクリアしていたこともあり、ＣＦＯを始めとする役員を含む経営ボードのメンバーが、

「行けるときは行きましょう」と背中を押してくれました。


僕は１９９５年に（有）ビジョンを創業し、その翌年に株式会社に変更する際、

「今日から世の中の会社だ」

と宣言しました。

それから20年後に上場をはたし、ビジョンは名実ともに「世の中の会社」になったのです。

業務の棚卸しを行い、残業時間を「月45時間以内」に削減

東証一部への指定替えにあたり、当社はたとえば、

「最近2年間の利益の総額が25億円以上であること」

「最近1年間における売上高が100億円以上である場合で、かつ、時価総額が1000億円以上となる見込みのあること」

という、利益や売上高に関する形式要件などはクリアしていましたので、とくにコーポレートガバナンスを機能させるための会社組織を始め、業務管理や労務管理をしっかり行える体制の強化を重点的に実施しました。

作業内容の見直しなども含めて業務プロセスの棚卸しを行い、営業担当者の残業時間の削減や、有給休暇の利用率向上といった労務リスクの回避に取り組みました。

たとえば、時間外労働が月に45時間（「36協定」がない場合は40時間）を超えてはならないとする上限規制の遵守も、労務管理における上場基準の重要案件の一つ。

この体制が整備できなければ、上場審査に入れないこともあるほど厳しいものです。

上場前は、使用者と労働組合が「36協定」を結ぶことで、みなし残業を含めて月60時間まで時間外労働が認められていました（原則的には月45時間まで。「36協定」に特別条項を設けた場合、最大6カ月、月60時間までの残業が認められる）が、上場するにあたり、月の残業時間を45時間以内に抑えなければなりません。

最初は社内でも、「残業時間を本当に、月45時間以内に減らせるだろうか」という声が大半でした。

実際、経営ボードのメンバーは全員、難しい顔していました。

お客様を訪問する時間が限られている以上、労働時間を減らせばそのぶん、売上も粗利も落ちるだろうと思ったのでしょう。

でも僕には「必ずできる」という確信がありました。

営業担当者の仕事の中には、相当な時間の無駄があることを知っていたからです。

たとえば、上司が帰らないから自分が帰れないとか、営業担当者が本来やらなくてもいい作業まで手を出しているのは、どんな会社でもよくあることです。

だから、業務の棚卸しをしっかり行って業務プロセスを可視化し、残業時間がどんな作業に費やされているのかを紐解いていく。

そして、その中に無駄な作業があればそれを削減する一方、必要なものについては、それをシステム化して作業時間を減らせば、残業時間を減らすことが可能です。

たとえば、交通費精算も1件1件、交通費申請書を書いたり経費計算システムに入力するより、営業担当者に「Ｓｕｉｃａ」などの交通系ＩＣカードを支給し、利用履歴をプリントできるような仕組みにすれば、大きく手間が省けます。

交通費精算にしろ、残業時間に営業本来の仕事ではない作業をしていることが多いので、それを減らせば、月の残業時間を45時間以内に削減するという目標は達成できると考え、実行してみたら、実際にその目標は達成できたのです。

こうした業務の棚卸しによる改革を進める一方、現場の社員たちに、事前に届出を出せば有給休暇は取っていいということをきちんと伝え、各部門の責任者も含めて有休取得を率先垂範することで、有給休暇を取ることが正しいという雰囲気を作り、有給休暇の利用率も向上させました。

先の交通費精算を始め、システム化を通じて業務の効率化が進んだことはもちろんですが、システム化を推進することにより、たとえば人手による作業のミスを減らしたり、不正がないかをチェックすることができるという意味で、コーポレートガバナンスの強化にも役立ちました。

第3章に記したように、CLT部門を作ったことは、営業活動におけるクレームリスクの低減や、営業部門とCLT部門のダブルチェックによる営業活動の適正化という意味でも、大きな効果があります。

このCLT部門がコーポレートガバナンス面で担っている役割は、社内の業務・管理プロセスを、IT技術を活用してモニタリングし内部統制を行う「IT統制」に近いものかもしれません。

社外取締役制度は「ありがたいシステム」

一方、コーポレートガバナンスの強化については、社外取締役制度の導入が最も大きな取り組みでした。

現在、ビジョンの14名の役員のうち、社外取締役が3名、社外監査役が4名と、社外の人が半数を占めています。社外の人が全役員数の半数になっている会社はそう多くはないと思います。

社外取締役の顔ぶれを紹介すると、まず1人目は金融・財務のスペシャリスト。2人目が女性で、グローバルビジネスが得意な方。そして3人目がグループ経営に長けている方で、マーケティング分野も得意なので、大いに勉強をさせてもらっています。

取締役会での議決は多数決で行うのではなく、全員が合意するまで、何度でも徹底的に議論する仕組みにしています。

たとえば、外部の方の貴重な意見を聞きながら、ある経営課題を解決するための対応策について調整を重ね、リスクをきちんと排除できる状況になったり、これなら十分勝負できるという状況になって初めて、合意に至るというプロセスを踏むわけです。

そのため、最後にはわだかまりが残らず、合意した内容の意味をきちんと理解したうえで、経営を進めていくことが可能になります。

これも、社外取締役制度を導入して終わりではなく、この制度を十分に機能させていくことが大事だと考えているからです。

実際、僕たちは社外の優秀な人材を取締役として迎えることに、大きな価値を感じています。

社外取締役の皆さんは、投資に関することや人事に関することを始め、それぞれの分野で高い知見を持っている人ばかりなので、彼らを受け入れたうえで経営をきちんと運営していくことが大事だと思うのです。

その意味で、社外取締役を受け入れられるか、受け入れられないかが、上場するのかしないのかを分ける、一つの大きな軸になるでしょう。

社外取締役に対してネガティブな考えを持っている人もいるかもしれません。でも、上場するなら、社外取締役はきちんと受け入れなければ駄目です。

僕は、社外取締役を受け入れて、本当によかったと思います。

というのも、当社にはなかった能力を備える優秀な人材が来て下さるわけです。実際、さまざまな分野で僕よりもはるかに高い知見を持っている人たちばかりなので、本当に助かっています。幅広い分野を一人で網羅しようと思っても、とても不可能です。

社外取締役からアドバイスを受けることで、意思決定の面で楽になった部分もあります。

社外取締役の意見は、ネガティブなものばかりではありません。豊富な知見を背景にして、「それはいいですね、もっと積極的にやりましょう」と、背中を押していただくことも多く、それも大きなメリットです。

また最近、ウィズ・コロナの時代を見据え、一定期間、一定の融資枠のもとで、企業が必要なときに金融機関が融資を行うことを約束する「コミットメントライン契約」を結ぶケースが増えています。

当社でも、今後のリスクヘッジのために、コミットメントライン契約について金融機関と交渉を進めました。

その際、取締役会で金利などの諸条件について審議する中で、金融機関との交渉にあたり、「この条件をこう変更してもらったほうがリスクを軽減できる」という具体的なアドバイスを、社外取締役の皆さんからいただきました。

ほかにも取締役会では、投資の意思決定に関するアドバイスはもちろん、投資案件が計画通りに進捗しているかなどについて、いわゆるPDCAサイクルの「チェック」「アクション」に相当する部分でも、社外取締役の皆さんから多くの助言やご指摘をいただいています。

社外取締役制度を十分に機能させるために、意識しているのは、第一に情報の共有です。月に一度の取締役会で、月次決算などの紙に書かれた数字だけでなく、現在のビジョンの状況を具体的に説明することが大事です。

次回の取締役会で審議したい案件は、少なくとも今回の取締役会で報告事項として取り上げておくというように、情報共有を早めに行うことも重要。

そのようにして、社外取締役の皆さんの経験をシェアさせていただくことにより、僕たちが考えもしなかった部分で、気付きを与えていただくことが数多くあります。

上場企業では、社外取締役は「少なくとも2名以上を選任すべき」だと定められているので、社外取締役を2人にし、取締役会に社内の人をもっと入れてもいいのですが、僕たちは、社外取締役が取締役の半数を占めるからといって窮屈さを感じたことはありません。

制度を導入する前は、「社外から取締役が入ってくることで、混乱したらどうしよう」と思ったこともありますが、社外取締役の皆さんは素晴らしい経営者ばかりなので、社外取締役制度は本当にありがたく、よい仕組みだと僕は思っています。

上場とは「公の会社」になることだ

このように、上場準備はおおむね順調に進みましたが、与信管理体制の構築などに多少の苦労はありました。

上場企業ではビジネスの継続性がより重視されるため、上場企業には、すべての取引について取引先の与信管理が義務付けられますが、非上場企業では、そこまで厳しい管理が行われていないことがほとんどです。当社の場合も、取引件数や顧客数が多いので、一件一件の与信管理にかかる労力は並大抵のものではありません。

与信管理は、過去に取引のある既存のお客様について行うものと、これから取引を始める新規のお客様に対するものがあります。

たとえば当社が販売している商品の中で、リース案件についてはリース会社に、情報通信サービスの場合は通信会社に与信審査を依頼し、取引先の信用力をチェックします。さらに当社が自ら再チェックを行い、取引を行うかどうかを判断することもあります。

全取引にわたり、こうしたチェック作業を、法務部や業務管理部のスタッフが行ってくれていますが、非常に手間もコストもかかる仕事です。

契約書の内容チェックも重要で、当社のリスクにつながる記載がある契約は基本的に認められません。これについては法務部が、契約書の内容に、ビジネスの継続性に重大な影響を及ぼす事項がないかなどをチェックし、「この文言の言い回しでは、こんなリスクが生じかねないので、こう変えてもらって下さい」とアドバイスしてくれています。

株式上場にあたり、一番苦労したのは、法務部門にいかによい人材を採用するかということだった、といっても過言ではありません。

株式上場とは私企業が「公の会社」になることで、その意味で上場企業は「社会の公器」だとよくいわれます。

そこで僕は、経営者である自分自身が公私混同を戒めることを心がけていますが、このことはぜひ、起業家の皆さんにもよく考えてもらいたいと思うのです。

僕は、(有)ビジョンを1996年に株式会社化したとき、「今日から世の中の会社だ」と宣言し、ビジョンは「自分の会社」ではなく「公の会社」として、線引きをしました。

以前は、社員とよく飲みに行き、お酒を飲みながら役員から話を聞くこともしょっちゅうでした。取引先の人も呼んでゴルフもずいぶんやりました。ところが2013年に上場すると決めてからは、社員や取引先の人とはプライベートの飲み会にも行くのをやめました。

他の経営者とは飲みに行きますが、回数はそれほど多くなく、僕自身も接待交際費は月に5万円も使っていません。

会社と個人を完全に分けようと思っているからです。

会社は自分のものではなく「世の中のもの」であり、経営者とは会社という「箱」を作り、経営を任されている存在なのです。

会社によっては、公私を混同し、会社のお金を自分のお金だと勘違いしている経営者も見受けられます。

僕は、これからのビジョンを背負って立つ若い人たちを「第二走者」と呼んでいますが、その「第二走者」のために、僕たち「第一走者」は彼らが将来より大きなスケールで事業を展開し、もっと活躍していけるような基盤を作らなければなりません。

そういう思いがあったからこそ、ビジョンは「公の会社」、すなわち「パブリック・カンパニー」になれたと思います。

信用力と持続可能性が武器になる ——株式上場のビフォー・アフター

世間的には、上場会社はルールや制約が厳しくて大変そうだというイメージがあると思います。

でも、僕たちが実際に上場をはたして思うのは、上場前と上場後で会社が大きく変わったと思うことはそれほどなく、以前のように普通に会社に来ているのと、感覚はほぼ変わらないということです。

結局、正しいことを正しくやれる仕組みを作り、それを実践することが、上場を通じて僕たちが学んだ、最も大きなものでした。

別のいい方をすると、上場を通じてビジョンは、オーナー依存型の会社から持続可能な会社に進化したのであり、それが最大のメリットだといってもいいでしょう。

実際、僕たちは上場したことで、数多くのメリットを得たと思います。

たとえば上場前は資金がなくて苦労しましたが、上場してファイナンス手法が多様化し、資金調達の苦労が減りました。社外取締役を受け入れたことで、さまざまな分野について勉強させていただく機会も増えるなど、いいことずくめです。

営業担当者にとっても、上場して会社に対する信用が向上したことは大きなメリットだと思います。

実際、上場前は、規模の大きな会社との契約がなかなか取れないということもありましたが、最近では、当社が上場企業なので契約を決めたというお客様も増えています。

とくに、東証マザーズに上場したときよりも、東証一部に指定替えをしてからのほうが、東証一部上場企業のお客様とお付き合いできる確率が高まっています。おそらく、お互いに東証一部上場企業だからということで、とくに厳しい審査もなく、当社を信用していただいているのでしょう。

上場企業は売上や利益を始め、業績数字や経営状況がほぼすべて公開されているので、相手にとって非常に安心感があります。新規に取引を始める場合でも、取引先企業は与信調査を行う必要がほとんどありません。まず、そこが上場を通じて大きく変わった部分だと思います。

実際、信用力が高まったことで、コンペでも勝率が高まりました。

たとえばホームページ制作で、競合先が当社より安い値段を提示しても、その会社自体が存続できなければ意味がありません。

ホームページの作成を依頼していた会社が倒産し、どんなコードが書かれているのかがわからなくなり、手が付けられなくなってしまった、というのは珍しい話ではないからです。

その点、厳しい上場基準をクリアし、信用力と持続可能性を高めたいま、「値段が同じぐらいだったらビジョンさんにお願いしたほうがいい」とか「ビジョンさんのほうが後々までしっかりフォローしてくれるから」というお客様が増えたという意味でも、上場のメリットは大きかったと思います。

上場して「正しいことを正しくやる」ための仕組みができた

中でも、僕たちが上場したことで得た最大のメリットは何だったのか。

それは、正しいことを正しくやる仕組みを作り、実践できるようになったことだと思います。

上場を機に、何が正しく何が間違っているのかを学び、よくない部分が是正され、それを正しく行えるようになったことが、当社にとっては大きな収穫でした。

僕が「正しいことを正しくやれ」というのではなく、正しい基準に沿って、いかに行動するかということに、みんなが挑戦してくれたことに意義があったのだと思います。

その意味で、これは厳しい上場審査をいかにクリアするかという戦いではなく、正しいことを正しくやれるかどうかの戦いだったのです。

東証一部に上場してから6年目を迎えたいま、新入社員や中途採用で当社に加わった仲間たちは、「東証一部上場企業のビジョンに入社する」という意識を持って、当社に来てくれているのかもしれません。

でも、上場前から当社で働いてくれている社員たちの中には、「気が付いたら、自分の会社が一部上場企業になっていた」と感じた人もいるでしょう。

ビジョンがここまでこられたのも、みんなが一つの目標に向かって進んできたからです。

会社も社員たちも、よくここまで成長してくれたものだと思います。

東証一部上場が、社員に言葉以上の大きなものを与えてくれた

僕たちにとって上場は、本当に大きな転換点でした。

ビジョンという名もなき会社が、上場することで多くの人に知られるようになったのです。

その結果、これまでなかなかご縁のできなかった企業ともスムーズに取引ができ

るようになり、逆に、お客様のほうから声をかけていただくケースも格段に増えました。今では上場企業と取引するのも、ごく普通のことになっています。

ビジョンの社内も大きく変わりました。

上場前から働いてくれている仲間たちが、「自分も上場企業の一員なので、それに恥じない仕事をしよう」という意識を持ち、しっかりと結果を出すことにコミットしてくれるようになったのです。

上場を通じて、会社のブランド価値や信用力も大きく向上し、それが仲間たちにとっても頑張る原動力になりました。

これも、実際に上場してみて気付いた大きな変化です。

中でも素晴らしいと思うのは、「自分も上場企業の一員なので、それに恥じない仕事をしよう」ということが、仲間たちが仕事に取り組む最低限のラインとして社内に根付いたことです。

実際、僕が「こうしなければいけない」とか「ああしなければいけない」といわなくても、上場前からビジョンで働いている仲間たちが、そのことを意識して行動してくれているのは、上場を機に、みんなの自立意識がより高まったということでしょう。

つまり、僕の一言よりも、上場企業になったということのほうが、仲間たちにとってずっと大きなインパクトがあったのです。

おそらくみんなも、友達や家族から「会社が上場したんだって？」といわれたと思いますし、自分からも「うちの会社が上場したんだ」と誇らしく話していたでしょう。

その意味でも、とくに東証一部上場という一つの結果が、僕の一言よりはるかに大きなものを仲間たちに与えてくれたのであって、僕は上場して本当によかったと思います。

WORK――自分のビジネスに置き換えて考える

〈上場する目的〉

■あなたの会社が上場を目指すとしたら、上場する目的は何ですか？

第5章

ピンチをチャンスに変える

――Withコロナ時代の「変え続ける経営」とリスクの読み方

1

リスクの読み方と危機対応の原則

成長モデルが一瞬で崩壊
——グローバルW・i F・i事業の危機

起業家が、試行錯誤を重ねてビジネスモデルや組織を作り、会社が順調に成長するようになっても、危機はいつか必ず訪れるものです。

とくに、経営基盤がまだ弱く経験も少ないスタートアップや若手起業家は、ともすれば危機に陥りやすく、対応を一つ誤れば、苦労して築き上げた事業も会社も、一瞬のうちに失われてしまうかもしれません。

だからこそ、いつ起こるかわからない危機をどう乗り越え、その後の成長にいかに結び付けていったらいいのかを学んでおくことが、起業家にとって極めて重要だと僕は思います。

実際、新型コロナウイルス感染症の世界的流行の影響により、ビジョンでも、年間約200億円の売上高、40億円の営業利益を稼ぎ出し、ビジョンの成長のエンジンになったグローバルWiFi事業が崩壊の危機に陥りました。

世界各国でロックダウン（都市封鎖）に加え、罰則により外出を禁止する厳しい緊急事態宣言、外国人の入国拒否や水際対策の強化などの措置が採られ、ビジネスでの海外との往来や海外旅行がほとんどストップしてしまったのです。

そのため、2021年2月における日本人の出国者数が2019年比で98・4％減（出入国在留管理庁「出入国管理統計」）、2021年3月の訪日外国人数が同99・6％減（JNTO〈日本政府観光局〉推計）と、アウトバウンド需要もインバウンド需要も、ほぼ壊滅状態になりました。

2019年12月期には年間177億3200万円あったグローバルWiFi事業

の売上高は、2020年12月期には前年同期比で約6割減、セグメント利益は33億1００万円から、9０００万円の赤字に急転落。毎月10億円の赤字が出てもおかしくないような状況に陥ってしまったのです。

コロナ禍で下した決断
——危機は短期で終わるのか、長く続くのか？

このまま手をこまねいていては、いずれキャッシュが尽きて、当社は倒産してしまうでしょう。

こんなとき、読者の皆さんはどんなことを考えるでしょうか？

追い詰められた状況で危機を乗り越え、前に進んでいくためにはどうしたらいいのかと僕は考えました。

当社の場合、後述しますが、会社創業2年目に経験した黒字倒産の危機の教訓から、キャッシュフローを重視する経営を実践していたので、幸いなことに、しばらくは持ちこたえられそうでしたが、正直なところ相当追い詰められた状況だったことに間違いはありません。

仮に手元にキャッシュがあっても、緊急事態宣言が何度も出たり契約のキャンセルが相次ぐとなれば、遅かれ早かれ事業が行き詰まるのは見えています。

ただ、当社がこれまでに経験した経営危機は、資金繰りや会社の体力といった物理的な問題がほとんどで、それを解消すれば、活路を開くことができました。

ところが、今回のコロナ禍は人類の生存に関わる問題で、とても一企業や個人の手に負えるようなものではありません。

だから、いまの状況下で何をやるかを考え抜かなければならないのです。いま、この現状を打開する方法が何かあるのではないか、と。

僕が下した決断は、稼ぎ頭のグローバルＷｉＦｉ事業を縮小する、というものでした。

グローバルＷｉＦｉ事業部内のチームを解散し、コロナ禍でも需要が見込める部門に配置転換し、ローコストオペレーションを行って損失を最小限に食い止めようとしたのです。

チーム解散といってもグローバルＷｉＦｉのリソースを、国内向け事業の強化に振り向けただけで、コロナ禍が収束すればメンバーをいつでも集結させることが可能です。

そのようにして、状況が好転したらすぐに元の体制に戻れる準備をしながら、まずは赤字を止めるという判断をしたわけです。

そのうえで新事業にチャレンジし、既存事業へのテコ入れも行いながら、新たな収益の柱を作ろうとしたのです。

まず、チームを解散し、グローバルＷｉＦｉ事業を縮小するという意思決定についてですが、これは最悪の状況が続くのが数カ月なのか半年なのか、1年なのか、数年続くのかというように、どこに目線を置くかで判断が変わります。

詳しくは本章で後述しますが、リスク予測ということでいえば、当社ではコロナ禍は最低1年間、最悪の場合は5年間続くとみていました。

コロナ禍がたとえば3カ月で収束すると判断していたら、一時的にとはいえチームを解散させることはなかったでしょう。

コロナ禍が収束したらチームを再開し、またみんなで一緒にやろう。そのあいだに、何か新しい収益の柱を作ることはできないか。

あとは、いままで日が当たっていなかった部分も含めて、既存事業をもっと伸ばしていこう、というわけです。

実際、当社の事業の中では最近グローバルＷｉＦｉがとくに目立っていましたが、もちろん既存事業もしっかり頑張ってきたわけです。

祖業の情報通信サービス事業も、年間で約15億円の利益を出せる、ビジョンの柱の一つです。

当初、同事業部のメンバーたちが、

「グローバルＷｉＦｉ事業が大変だから、僕たちがリカバリーします。こういうときでなければ、目立てませんから」

といってくれたことも、今回の意思決定を支えてくれました。

こういう部分でも、チームプレイが社内に根付いてきたのは、とても心強いことだと思います。

選択と集中
――コロナ禍でも伸びる分野にリソースを投入

次に、コロナ禍の中で新たな収益の柱を作るというチャレンジについて説明すると、僕はもともと一つの事業に特化することにリスクを感じていました。

どんな事業もいずれは衰退する運命にあるので、一つの事業が成功していても、それにこだわらずに他の事業を伸ばし、将来の柱になるような事業を作らなければなりません。

そこで今回のコロナ禍でも、いま伸びている事業や分野に資源を集中することで「選択と集中」を実践したのです。

具体的には、新型コロナウイルス感染症の拡大にともなう企業のコスト削減ニーズやテレワーク対応へのニーズの高まりを的確に捉えた営業活動を展開しました。

たとえば、サブスク型の月額制ホームページ制作サービス「Vison Crafts!（ビジョンクラフト）」もその一つ。

これは２０２０年６月から本格提供を始めた、月額３８００円～という低価格でビジュアル訴求に強いホームページを作ることができるサービスです。

低価格ながらホームページに動画も組み込むことができ、簡単な操作で文章や画像の更新ができるという手軽さも手伝って契約が伸び、今後の収益基盤（継続収益）となるストック収益の獲得に大きく貢献しました。

一方、コロナ禍にともなうテレワーク需要の高まりで、法人向け携帯サービスなどの移動体通信機器が好調だったほか、国内向けのＷｉ－Ｆｉルーターレンタルのニーズも増加しており、販売を強化。教育分野でもオンライン学習のニーズが高まり、自治体や教育関連団体などにもＷｉ－Ｆｉルーターの拡販を積極的に行いました。

危機の中、従来とは異なるニーズにスピーディにフォーカスすることで、セグメント損失が２０２０年４月に1億８２００万円にまで膨らんだグローバルＷｉＦｉ事業が、２０２０年12月には単月黒字に転じたのです。

その結果、ビジョンの２０２０年12月期決算では、本業による儲けを表す営業利益が1億３００万円、経常利益が2億２７００万円と、いずれも前年度比では90％

を超える減少となりながらも会社全体として通期黒字で着地させることができました。いま思えば結果オーライで、まったく生きた心地がしませんでしたが、ある意味で奇跡が起きたような気がします。

まずは赤字を止めて雇用を守る

まさに不幸中の幸いですが、グローバルＷｉＦｉが傾いた一方で、国内向けのＷｉ－Ｆｉルーターレンタルサービスなどが伸びたことから、情報通信サービス事業部に、グローバルＷｉＦｉ事業部のメンバーを受け入れてくれる余地が生まれていました。

もちろん、当社の稼ぎ頭に成長していたグローバルＷｉＦｉの落ち込みをカバーし切れるものではないにせよ、このようにお互いに補完関係にあるような事業があって本当によかったと思います。

Ｗｉ－Ｆｉルーターレンタルサービスは、情報通信サービス事業部にもともとあった事業で、基本的にはそこにグローバルＷｉＦｉのリソースを移しただけなので、原資は同じです。

こうしたことも、コロナ禍がもたらした危機に合わせて、機敏に人を動かすことができた理由の一つ。部門や組織の再編成のために新たなリソースを投入する必要が生じていたら、面倒な調整をしなければならず、対応が遅くなってしまっていたかもしれません。

その点、当社では今回、グローバルＷｉＦｉ事業部内のチームを責任者も含めて異動させたので、その責任者がリーダーシップを発揮し、

「今日からは国内市場でガンガン行こう！」

というモードに切り替えてくれたことも、よい結果につながったと思います。

グローバルＷｉＦｉ事業の落ち込みをカバーし切れないとしても、まずは止血が先で、そのあとに黒字化に持っていくことを、僕は優先しました。

まずは赤字の拡大を防ぐことが、イコール雇用を守ることにつながるからです。

その意味で、コロナ禍は最悪5年は続くと見越し、早めに手を打っていたことがよかったのでしょう。

リカバリーは、その先のストーリーで、ビジョンはすでに次のフェーズに向けて

動き始めています。

たとえば、コロナ禍が落ち着いたあとのシェア拡大を見据えて、オンラインによる営業や会議、IR活動などの通訳・吹き替え等を行う新サービス「通訳吹替.com」も2020年10月にスタートさせました。

「最悪のシナリオ」から始めれば、あとはよくなるだけ

いずれにしても、今回のコロナ禍のような出来事は、事前に予測できるものではありません。

当社ではかねてから、パンデミック（感染症の世界的な大流行）が最大の事業リスクだと、投資家の皆さんに説明してきましたが、実際にここまで被害が広がるとは思っていなかったというのが事実です。

ですが、事前に想定していないとはいっても、時は刻一刻と進んでいくので、その中の局面局面で、経営者はきちんと判断していかなければいけません。

まずは、会社を継続させていくことが最優先で、雇用を守り、お客様にきちんと状況を説明したうえで、然るべく対応を行っていく。

最初にできるのは、これぐらいしかないと思います。

その一方で、コロナ禍で受けた影響や現時点での経営状況を具体的な数値に落とし込み、シミュレーションを行いながら最悪のシナリオを描く。そして、その最悪のシナリオから脱するために、何をやるかということを決め、プライオリティをつけて実行していくわけです。

ただし、そのゴール、つまり出口がどこにあるのかがわからない。

実際、今回のコロナ禍はいつ収束するのかが不明で、先にも話した通り、それが1年で終わるものか、数年あるいは5年続くのか、確かなことは誰にもいえません。

そういう不確実性の中で、どこに軸を置いてリスクを見通すのかが重要です。

僕は、ビジョンの2020年12月期決算の説明動画で、2021年10月頃、インバウンド需要が2019年比で25%程度にまで戻る、という見通しに立って事業を進めていると述べました。

その一つの根拠になるのがワクチン接種で、これから世界中でワクチンの接種が進めば、ワクチンを接種した人は海外への渡航が認められるという流れになっていくと考えられるからです。

実際、世界にはさまざまな感染症があり、ワクチンを接種しなければ入国できない国が数多くあります。したがって、今回の新型コロナウイルス感染症も、それと同様なレギュレーションになっていくと、僕はみています。

日本は、日常的に感染症のワクチンを接種することが、非常に少ない国です。それでもアフリカや南米の熱帯地域の国々に入国する際、黄熱の予防接種証明書の提示が求められるので、事前にきちんとワクチンを接種してから渡航しますが、それと似たような感覚になるでしょう。

ここで改めて僕の考え方をまとめると、リスクの読み方としては、最悪のシナリオがマスト。経営者自身は、希望的観測はあまり持たないことが重要です。

ただし、対外的に悲観的なメッセージを発信しすぎるのは避けたいところですが、社内の幹部とは最悪のリスクをきちんと共有しながら、対応策を進めていく必要があります。

経営計画や予算計画を作るとき、楽観・中間・悲観の3つのシナリオに沿って業績を予測することがありますが、経営判断はあくまでも最悪のシナリオをベースに行うことが大事だというのが、僕の考えです。

とくにビジョンは上場会社で、数多くの投資家の皆さんに支えていただいているので、業績が発表した数字を下回り、期待を裏切るようなことはけっしてあってはなりません。

こうした考え方のもとに、最悪のシナリオを想定したうえで確実性の高い計画を作成し、常にそれを上回る結果を出せるように取り組んでいるので、ビジョンは上場以来、決算数字が業績予想数字を一度も下回ったことがありません。

調子がよいときほど細部にこだわる

僕が、リスクを読むうえでもう一つ心がけているのは、「業績が好調だから大丈夫だろう」という思い込みを絶対に持たないこと。

今回のコロナ禍のように、企業にはいつどんな危機が襲ってくるのかわからないのはもちろん、ちょっと気を抜いたところから、ほころびが生じてくることのほうが、むしろ普通だからです。

だから僕は、「調子がよいときほど細部にこだわる」ことをモットーにしています。

当社は創業2年目で、黒字倒産しかけたことがあるからです。

静岡県富士宮市でスタートした（有）ビジョンの1年目の売上高は7000万円でしたが、第1章で述べた外国人向けの国際電話割引サービスの取次がブレイクし、2年目には粗利10億円を稼ぎ出すまでに急成長を遂げました。

同サービスの成功で得た利益をもとに、国内市場の開拓に向けて積極的に先行投資をしていたのですが、あるとき、当社はこのままいけば半年後にキャッシュフローがマイナスになる、という状況に追い込まれていることに気付いたのです。

これは僕が当時、法人が負担する税金の仕組みをよく理解していなかったことに原因があるのですが、常にキャッシュフローを重視した経営をしていかなければ危ないということを痛感しました。

そのときは、どうにか銀行から資金調達ができ、危機を乗り越えることができたのですが、業績がよくて黒字が出ているので、どうしても無批判になり、それが経営危機を招いてしまうことに気付かなかったのです。

その意味でも、ＰＬ（損益計算書）よりもキャッシュフローが大事。経営者が会社の通帳残高をきちんと見ていなければ、会社がなくなってしまいます。

結果オーライではあったものの、当時痛切に感じたのは、会社が順調に伸びていることに安心するあまり、細部を把握する努力が欠けていたということでした。

第3章で触れた、「離れて俯瞰する」ことと「近づいて細部を見る」といういい方をすれば、調子がいいときは「離れて俯瞰」しすぎて「近づいて細部を見る」ことを忘れ、ともすればリスクを見逃してしまうのです。

いま、週1回の進捗会議で経営ボードのメンバーが集まり、会社の健康状態をチェックしているのも、こうした反省が背景にあることは間違いありません。

リスクを早期に発見し、早期に対策を打つためにも、「近づいて細部を見る」ことが大切で、細部を見ながら必要な対策を講じたあとは、ふたたび「離れて俯瞰する」のです。

俯瞰しすぎていると細部が見えなくなる一方、現場に入って細部ばかり見ていては大局がつかめなくなってしまうからです。

その意味でも、「離れて俯瞰する」ことと「近づいて細部を見る」ことのバランスを取ることは、経営者にとって非常に大事だと思います。

土壇場で「自分たちがやらなければ誰がやる」と思えるか

もう一つ、当社が経験した経営危機を紹介しましょう。

僕は2006年のある日、ソフトバンクの孫正義社長（現・ソフトバンク（株）創業者取締役）から、同社の社長室に呼ばれました。

その頃当社は、日本テレコム（株）（現・ソフトバンク（株））の代理店をしていて、固定回線の加入取り次ぎでトップの実績を上げていました。

同年にソフトバンクが同社を買収し、社名がソフトバンクテレコムに変更されたのです。

ちなみに、当社はいまでもソフトバンクのトップ代理店として、同社と長いお付き合いをさせていただいています。

僕は社長室で、「日本テレコムで売上トップのビジョンさんと提携し、ＮＴＴに対抗したい」という、孫社長の熱い思いを聞きました。

実際にソフトバンクとの提携により商品化されたサービスが、「おとくライン」です。

同サービスは、NTTの通信設備を通さずに、ソフトバンクテレコムの通信設備で直接電話ができるので、固定電話の基本料金を大きく削減可能。「ホワイトライン24」または「ホワイトライン24（モバイル）」に加入することにより、ソフトバンクの固定電話-携帯電話間が通話し放題になるというもので、当初、予想を上回るほどの大盛況で、申し込みが殺到しました。

ところが「おとくライン」が開通したとたん、回線がストップし通話が不能になるという大トラブルが発生したのです。

当然、お客様から多数のクレームが嵐のように押し寄せました。

しかも、この「おとくライン」は回線の加入取り次ぎだけでなく、サービスが開通してから報酬が支払われるという契約になっていたため、当社には一切の収入がなく、資金の回収ができません。

またたく間に、当時の当社の売上の半分がなくなりました。

他の代理店も同様の状況に追い込まれ、撤退が相次ぎ、最後には当社1社だけが残るという状況になったのです。

そのときソフトバンクは、「ビジョンさんが撤退するなら、この事業をやめる可能性がある」と宣言しました。

僕は当時の担当責任者と、この事業をどうするのかについて、何度も議論を重ねました。

「このままでは倒産するかもしれない。それでも日本の通信の未来のためにやりたい」

実際、この事業をやめてしまったら、日本の通信産業にとって大きな損失になる。そうなったら日本の通信は終わりだと、そのとき僕は本当に思っていたのです。

「社長がやりたいのなら、やりましょう」

担当責任者も僕の意を汲み、同意してくれました。

日本の通信の未来のために、この事業を是が非でもやり抜くと決めてから、僕たちはソフトバンクとともに問題の解決にあたり、回線を開通させるために全力を尽くしたのです。

回線が開通したあとは事業が軌道に乗り、お客様から多くの申し込みをいただけるようになりましたが、一時は本当に追い詰められた状況でした。

それでも、この土壇場で「僕たちがやらなければ、日本の通信が終わる」という使命感が湧いてきたのです。

いま振り返れば、「やりたいこと」と「やれること」「やらなきゃいけないこと」という「3つの原動力」を通じて、情熱を持ってこの事業をやりたいと、本当に思えていたからだと思います。

「3つの原動力」を突き詰めていくと、見えないものが見え、能力以上の力を出せるようになるのです。

ビジョンが、いま「世の中の情報通信産業革命に貢献します」という企業理念を明確に掲げ、行動することができているのも、このときの体験があったからこそだと思います。

2

逆境を乗り越える
リーダーの気構え

「ピンチは強くなるチャンス」だと思えるか

これまで話してきたように、当社も何度か倒産寸前のピンチに陥ったことがありますが、結局はすべて乗り切ることができました。

今振り返ると、ピンチは強くなるためのチャンスだと思います。

今回のコロナ禍もまさしくその通りで、コロナ禍がなければ、僕たちはどこかにリスクを内在させたまま、それに気付かず、手放しで数字を伸ばし続けていたかもしれません。

普段、いくら注意して細部を見ていてもです。

その意味でいうと、コロナ禍という「踊り場」で、事業や会社のあり方全体を見直すことで、「ｗｉｔｈコロナ」時代や「ニューノーマル」に対応できる会社に変わっていける、ということなのだと思います。

つまり、企業はカベにぶつかって強くなる。

カベにぶつかることで、経営者である僕自身も、現場で頑張っている社員たちも、お客様によりフォーカスし、自分たちが何をするべきかを改めて自問自答する。そうすることで、自分たちがこれから進むべき道を示してもらえるのだと思います。

いい換えれば、それこそ、自分たちがこれから果たすべき役割があると感じる瞬間で、カベを乗り越えることができなければ、その役割も消えてしまいます。

僕は以前から、感染症とテポドンが最大の経営リスクだと話してきましたが、リスクは常に身の回りにあるもので、それに向き合い、乗り越えていくことが、会社が強くなれるチャンスだと思っています。

危機を乗り越えることは、メンタル的には厳しいときもありますが、僕自身は精神的に追い込まれても、ひと晩眠れば「よし、今日から頑張ろう」と立ち直ることができるタイプです。

目の前の危機から逃げ出そうという気はまったくありません。

実際、僕は今回のコロナ禍に直面したとき、「これを乗り越えたら、ビジョンはもっと強い会社になる」と、最初に思いました。

先にも述べた通り、コロナ禍は人類の生存に関わる問題で、とても一企業や個人の手に負えるようなものではありません。

ところが問題が大きく、解決が困難であればあるほど、それを乗り越えることで生まれるチャンスも広がります。

考えてみれば、これまで僕たちが乗り越えてきた危機は、ほぼすべてが外部要因によるもので、内部要因で会社が崩壊しそうになったわけではありません。今回のコロナ禍は規模がはるかに大きいとはいえ、基本的には外部要因によるものなので、問題にしっかり向き合ってやるべきことをやれば、その先に明るい未来が待っていると思って頑張っています。

「未来はよくなる」——常に前を向き、ファイティングポーズを取る

実際に、過去にもそう考えて何度もカベを乗り越え、当社は強くなってきましたが、その経験値は大きいと思います。

ある意味で、当社には危機に対する免疫があるのでしょう。

目の前に立ちはだかるカベを見て、乗り越えるのはとても無理だと思う人もいるかもしれません。でも逆に、乗り越えなければならないハードルが高ければ高いほど、どうしたら乗り越えられるのかを真剣に考えるのであって、きちんと考えれば活路はあるわけです。

その活路に至ることができなければ、「大変なこと」で終わってしまいますが、活路が見えてくれれば、必ず道は拓けてきます。

だから、その一点に全神経を集中させて、それこそ「脳みそがちぎれる」ぐらい考え抜くのです。

結局のところ、倒産の危機であろうがコロナ禍であろうが、突き詰めていえば、矛盾や課題を改善していけばいいだけの話です。

「うまくいかなかったらやめよう」というのは誰にでもできますが、なぜうまくいかないのかを掘り下げて、うまくいくための方程式を作ることのほうが重要なのです。

でも、なぜコロナ禍のような危機を目の前にして、そう思えるのかと疑問に思う人もいるでしょう。

これは、僕の心の中では極めて自然な考え方なのです。あえていえばリーダーの責任感がそうさせているのかもしれません。

逃げずに戦うというのがリーダーの責任である以上、どんな状況に追い込まれても逃げずに戦うという選択肢しかあり得ないのです。

あきらめるという選択肢自体がないので、危機に立ち向かっていくために正しい情報を集め、意思決定をしていくしかありません。

でも、実際に危機に立ち向かい、戦う中で得られる情報は限られるので、その部分を自分自身の経験値や感覚で補っていくわけです。

いずれにしても、それ以前の気構えとして、困難から逃げずに戦うリーダーとしての本能があると思うのです。

僕なりのいい方をすれば、それはファイティングポーズを崩さないこと。ファイティングポーズを崩せば、そこからクリーンヒットを打ち込まれ、一発でKOです。

だから、戦う姿勢があるかどうか、苦しくても前を見て戦えるかどうか。そして、いまは悲観的な状況にあっても、未来はよくなると思えるかどうか。

危機であればあるほど、こういう部分が本当に大切で、危機を乗り越えるリーダーの資質は、これに尽きるといってもいいと思います。

一人ではなく仲間とともに乗り越える

僕がこのように、リーダーとして戦う姿勢を常に意識しているのは、サッカーの影響が大きいと思います。

僕は小学生の頃からサッカーをやっていて、中学校と高校では地元の鹿児島県でも有名な実力校のサッカー部に所属していました。高校時代には「このライバル校に勝とう」という目標を設定し、チーム一丸となって練習した結果、県大会で優勝した経験も持っています。

サッカーではチームプレイが基本で、仲間が苦しいときに自分が頑張るという気持ちが大事です。苦しいときにみんなが頑張っていて、僕も頑張っているという姿が、お互いによい影響を与え合うのです。

だから一人ではなく、仲間とチームで戦っているということを、強く意識する必要があります。

これはサッカーだけでなく、経営についても同様で、いま振り返ってみれば、ビジョンは、仲間がいたからこそ、ここまで成長することができたのだし、逆にいえば、仲間がいるから実現できたことしかないのです。

実際、僕には経理や人事、財務といった仕事はできません。一人で会社を作った頃には、それこそ掃除係兼経理担当兼社長のように、何でも一人でこなしていましたが、いまではとても業務が追いつかず、求められる専門性も高いので、さすがに不可能です。

でも、それぞれの分野で専門性に長けた仲間を探してくれれば、業務を任せることができます。人材育成も重要で、たとえば財務分野に長けた仲間を育ててエクイティファイナンスを任せれば、経営者自身の使える時間はそれだけ増えていくのです。

一日24時間という限られた時間の中で、数ある重要な仕事の中でもとくに、会社をいかに成長させていくかを考えることが、いまの僕の仕事における最重要課題であって、僕はそこに最も時間を費やさなければなりません。

だから、たとえば経理や人事、総務といった、会社にとって重要な仕事をきちんと回してくれる仲間が必要になるのです。

その意味で、一人ではなしえないことを、仲間とともに実現できる組織は素晴らしいと改めて思います。

厳しい状況でも、「仲間がいるから、もうひと踏ん張り頑張ろう」という気持ちにもなれます。

だから僕たちは、社内で部下という言葉はほとんど使いません。部下といわずに、仲間と表現しているだけです。

ビジョンという会社は、僕だけではなく、みんなで作っていくものだと思うからです。

ともすれば、自分だけではとっくにあきらめていたり、投げ出していたりすることもあるはずです。もちろん社内で、それぞれ立場や役割は異なりますが、仲間がいるからこそ踏ん張りが利き、いまの実力以上のことにチャレンジもする。仲間がいるからこそ、自分がやれることも増えているし、自分では考えもつかなかったことができるようにもなっています。

そういうことを数え上げれば、きりがありません。

仲間がいて、チームがあるからこそ、できるのです。

起業家のコミュニティで得られる学びと力

仲間と一緒に戦うという意味で、僕は起業家が集うコミュニティにも大きな価値を見出しています。

自分と同じ立場にいる起業家たちが、いまどんな意見を持っていて、どんな判断をし、それがどういう結果に結び付いたかを知ることは、とても重要だからです。また、メディアでさまざまな情報が報じられているといっても、それらがファクトであるという確証はどこにもありません。

その点でも、いまリアルタイムで起きている出来事にキャッチアップすることができる、起業家のコミュニティは非常に貴重な存在だといえるでしょう。

第3章で僕は、若手起業家や創業者の世界的ネットワーク組織「EO」の日本支部である、EOジャパンの第14期会長を務めたという話をしましたが、それも僕がEOという組織に大きな価値を感じているからです。

たとえばEOジャパンの活動の中に、「メンターシッププログラム」というものがあり、メンター（相談を受ける先輩経営者）がメンティー（相談をする後輩経営者）と、一対一で1年間にわたって経験をシェアします。

アドバイスは禁止で、自分の経験しかシェアしてはいけないというのがルール。単に「こうしたほうがいい」ということは無責任なので、自分はこういう局面でこんな挑戦をして、こう失敗したとか成功したという形で、先輩経営者の貴重な経験を、後輩経営者にシェアしていくのです。

メンバー全員がアントレプレナーで、生みの苦しみや、途中で挫折しそうになったことをどう乗り越えたかなどの共通した経験を持っています。そのためアドバイスやコンサルティングという形ではなく、自分たちがそのときにどう判断し、どんな結果に結び付いたのかという実体験を聞けるので、得られる情報の質がまったく違います。

会社を作るところから資金調達、人のいざこざへの対応も含めて、制度設計をどうするのかといったさまざまな取り組みについて、守秘義務や自己責任などの厳格なルールのもとで、フォーラムなどで各メンバーが身の回りに起こった出来事や課題を報告し、学び合うことができます。

その報告は、もちろんよいことだけではありません。むしろよいことを報告してもあまり意味がなく、うまくいっていないことをどう改善したら、どういう結果が生じたかという生の声を聞くことのほうが重要です。

その意味でも、同じ起業家がどんなときにどういう判断をして、どんな仕組み作りを行っているのかということを学べるだけでも、大きな価値があります。

メンバーのみんなに共通しているのは、「自分はEOのおかげで成長している」

という実感です。ＥＯには、何があっても仲間を応援しようというスタンスを持つ起業家が多く、「ＥＯのメンバーは信用できる」と感じている人が大半です。

ＥＯの仲間たちは、この厳しいコロナ禍をたくましく生き抜いています。感染が拡大し始めてすぐに「コロナ対策コミュニティ」をＥＯ内に立ち上げ、ファイナンスも含めてさまざまな情報を共有したので、スピーディな意思決定に役立ちました。僕も２０２０年４月の段階で勉強会に登壇し、当社のコロナ禍への対策について報告しています。

僕も自分自身でも勉強していますが、ＥＯの活動に参加したり、アチーブメント（株）の『頂点への道』講座を受講するなど、社外の環境に身を置いて刺激を受けながらレベルアップを図っています。

そうした中で、同じコミュニティで学んでいる同年代の起業家たちを見ていると、「自分も負けられない」という気持ちにさせられます。

僕は、２０１４年に『頂点への道』講座スタンダードコースを受講し、成功の原理原則について学びました。

４人が同じテーブルに座って進める共同学習では、テキストにある質問に自分なりの答えを書き込みながら講義が進んでいきます。

自分の願望を明確化するところから目標設定、計画の立て方、日々の実践までが体系的に整理されていて、僕はテキストの「よい計画の10項目」のページに相当綿密に書き込みを入れました。今でも『頂点への道』講座テキストを手元に置いて、たびたび見返しています。

同講座では、実際に自分の目標を設定するのですが、僕は、「2015年に上場する」と目標を書きました。そこでゴールをきちんと定め、計画を実践していった結果、本当に2015年に上場することができたのです。

会社の中で内々に取り組むよりも、自分たちはこうやって上場するのだということを、周囲の人に公言しながら頑張ったことがよかったのでしょう。

その意味で、社外の環境をうまく活用することは、自分を高めてくれるよい機会になると僕は思います。

WORK—自分のビジネスに置き換えて考える

〈リスクを想定する〉

■あなたの事業が直面する可能性がある最悪のシナリオは、どのようなシナリオですか？

■そのシナリオを避けるためにできることは何ですか？

〈仲間の力を活用する〉

■経営者としての視座を高めるために、どのような社外の学びの環境やコミュニティを活用しますか？

第6章

日本の未来を決めるのはスタートアップ

1

若い世代に伝えたいこと

スタートアップは日本の未来と地域の未来の担い手だ！

「はじめに」でも述べたように、いま起業家やスタートアップにとってチャンスや選択肢が大きく広がっています。

東京などの大都市で起業した会社だけでなく、地方で起業したスタートアップにも上場のチャンスは等しくありますし、事業承継のためではなく、最初からイグジット（会社売却）することを目的に会社を作る起業家も増えてきました。

まさに「社会のために役立ちたい」「世の中をよくしたい」という志を持つ人たちが、起業を通じて自分の思いを実現するチャンスが広がり、スタートアップが成長していくための環境も整ってきているというのが、いまの状況だと思います。

ある意味で、若い人たちが自立することを、起業が後押ししているという面もあるのではないでしょうか。

自ら学び、自ら体験したことを多くの人に伝えていきたいという思いを持つ若い人たちもいるでしょう。あるいは、いままで本に書いてあることを学んでいた人たちが、それをリアルに体験し、何か行動を起こしたいと思い始めることもあるでしょう。

そういう若い人たちが会社を作り、事業を興すことによって、起業が志を実現する手段として、よい意味で広がり始めていると思うのです。

最近では学生時代からアントレプレナーシップを学ぶ人も増え、大学でもアントレプレナー学部や学科を設ける取り組みが始まっています。

こうした中で起業する人が多くなり、会社が増えるとそれだけ雇用も多く生み出されます。その中で成功者が増えれば周囲の人々も恩恵を受けるでしょうし、そこで得た資金を新しく生まれてくる企業や事業に投資したり、社会に還元するという好循環も生じてきます。

だから僕は若い人たちに、志を実現する手段の一つとして、起業を選択肢にまず入れてほしいと思うのです。

さらにいえば、地方にいるから起業できないという感覚は、今回のコロナ禍によって完全に消滅しました。

すでに「ワーケーション」という言葉が定着しているように、地方で働くのも珍しいことではなくなり、ビジネスもロケーションにこだわる必要のない時代になりつつあります。

そういうことから考えても、これから地方にいる人たちに大きなチャンスが拓けてくることは、まず間違いありません。

インターネットを活用すれば、距離感はもちろん地域などの区分もなくなるので、地方にいる人たちも、仕事やビジネスで日本中や世界中の人々とつながることができるようになるわけです。

起業のチャンスは地域にも広がっている

ということは、地方にいながら起業して日本中や世界を相手にビジネスをすることができるのです。

実際、地元の特産品や名物などのさまざまな地域資源を活かし、コロナ禍でも商売を広げているネットショップも珍しくありません。

若手起業家や創業者のネットワーク組織「ＥＯ」でも、東京だけでなく大阪、東北、名古屋、福岡など10のチャプター（支部）が地方にあり、各地で多くのメンバーが頑張っています。

僕らが東京から足を運ばなくても、もともと地元愛が強く、各地で頑張っているメンバーの起業家たちが各チャプターを盛り上げてくれているのです。

たとえば、ＥＯの福岡チャプターでいうと、農業系ベンチャーの（株）クロスエイジ（福岡県春日市）では、青果の中規模流通を創造する「流通プロデュース」とコスト競争力のある「スペシャル農産物」を創出する「商品プロデュース」、農業経営全般を支援する「生産者プロデュース」を通じて「スター農家」を生み出す農業総合プロデュース事業を展開しています。

また、ムーンムーン（株）のように、光で気持ちのよい目覚めを促す目覚まし時計「ｉｎｔｉ４ｓ」や横向き専用枕の「ＹＯＫＯＮＥ」、肩こり専用まくら「Ｄｒ．Ｗｉｎｇ」などの快眠グッズを製造直販しているベンチャー企業もあります。同社は、本社を熊本市に置きながら、東京とニューヨークに支社を展開しています。

集客効果の高い店舗装飾「モリアゲアドバイザー店舗装飾」やデザイン性の高いブースを作って合同説明会を盛り上げる「モリアゲアドバイザー合説装飾」などのサービスを展開しているエンドライン（株）も急成長していて、同社は本社を福岡から変えていません。

このように、地方でも独自性を活かしてチャンスをつかんでいる企業は数多くあります。彼らはむしろ、今回のコロナ禍で地方のよさを実感したのではないかと思います。

実際、地方は物件の家賃が安く、地方にもよい人材がたくさんいるからです。とくに家賃を始めとする会社の経営コストが安いということは、スタートアップにとっては欠かせない要素。

また、かつては大学進学や就職で地元を離れて東京などの大都市に行く人が多かったのですが、最近では逆に、東京から地方の企業に就職する学生も出始めています。距離や地域などの区分がなくなっていることに加えて、人材面での不利も減少し、地方で頑張っている起業家にはさらにチャンスが広がっていくと僕は考えています。

事業と人に誰よりも興味を持つ

こうした中、本章では、これから起業し志を実現していきたいと考えている皆さんのために、僕自身の体験の中から得た気付きをシェアしていきたいと思います。

第一に、僕がモットーにしているのは「選択と集中」です。

僕はいま「世の中の情報通信産業革命に貢献します」というビジョンの企業理念を追求することに全力を傾けているので、僕の興味や関心が他のことに広がってしまったら、理念の追求がおろそかになってしまうと思っています。

だから、「世の中の情報通信産業革命に貢献」するために、僕たちが手がけている事業一つひとつで日本一になることにこだわっているのです。

そのためには、数ある選択肢の中からポイントを絞り、これだと思う事業に経営リソースを投入していかなければなりません。

そのポイントは何かというと、それが「本当に自分が興味が持てる事業なのかどうか」という一点に尽きます。

自分が他の人よりも興味を持てば、誰よりもずっとその事業や分野に詳しくなるので、けっして負けません。

また、自分が他の人よりも興味を持てば、誰よりも強い情熱を持ってその事業に取り組むことができるようになります。

経営者のそういう姿勢が社員に伝われば、彼らの思いや行動が変わり、お客様にもそれが伝わり、信頼を勝ち取ることができるでしょう。

さらに、「やりたいこと」「やれること」「やらなきゃいけないこと」という「3つの原動力」で絞り込むことによって、「世の中の情報通信産業革命に貢献」するために、他の誰でもなく僕たちがやらなければならない、と本当に思える事業は何かが見えてくるのです。

そのためには、いま述べた通り、まずは誰よりも事業に興味を持つこと。

そして、誰よりも人に興味を持つこと。

人とはお客様であり、仲間たちでもあります。事業を進めていくうえで、お客様や仲間の声は非常に重要で、まずそこに興味を持てなければいけません。

事業は人が作り出しているものなので、数字などからわかる表面的な部分でうまくいっているように見えても、実際にはお客様が当社の商品やサービスについてどんな感想を持っているのか、社員たちがどんな姿勢で日々の業務に取り組んでいるのかについて、常に神経を張り巡らせる必要があるのです。

さらに付け加えるなら、業界や社会に興味を持つことも重要です。

自分のビジネスに関連する業界や社会に対して興味を持っていれば、業界内や世の中の新しい動きやニーズにいち早く気付くことができます。

事業や業界、社会の新たな動きについて、いくら情報を収集しても、本人に興味や関心がなければ、得られた情報は何の役にも立ちません。

結局のところ、興味や関心の強い人には勝てないのです。

僕が経営者として大事にしているのは、「好きこそ物の上手なれ」という言葉。好きなことだから、あるいは興味があることだから熱中でき、誰にも負けない仕事ができる。

興味があるから、事業に対しても、お客様や仲間に対しても思いを馳せて、商品やサービスを競合先よりもよいものにしていけるのです。

だから、起業家の人たちにはぜひ、この言葉をずっと心の片隅に持ち続けてほしいと思います。

成長とは「視点を上げる」ことの連続だ

その意味でも、とくに若い人たちには、常に学び続けて「視点を上げる」意識を持ってもらいたいと、僕は強く思います。

経営者は、自分でもっと勉強し、自らを鍛えていくのはもちろん、仲間からも多くの学びや気付きを得て、視点を上げていくことができなければいけません。

自らの視点を上げることで、視野が広くなれば、「これとこれを結び付ければこんなチャンスがあるのではないか」ということに気付くこともできるからです。第1章で話した「情報と体験の紐付け」も、自分自身の視点が上がるからこそ可能になります。

では、視点を上げるためには具体的に何をすればいいのか。

それは、トップが自らアクティブに動き、正しい情報を得る努力をすることです。いまこうやって自分で本を書いていながら、矛盾していますが、僕は本をあまり読みません。本を読んで解決できることは、じつはそれほど多くないと考えているからです。

むしろ、自分自身で矛盾や課題に向き合い、もしくは同じようなビジネスをしている人から話を聞くことによって、解決の糸口が見つかりやすくなると僕は思います。

本に書いてあることは背景がわからないことが多く、表面的に真似をすると失敗するリスクが高いので、なるべく人に会って話を聞くというのが僕のポリシーです。以前は、人に直接会って情報を得るには、物理的に移動する必要がありましたが、会議やミーティングをオンラインで行うことが普通になったいま、時間を有効に活用し、より多くの人と面談し話を聞くことが可能になりました。

そうやって正しい情報を収集していく中で、自分の視点が高まり、いま世の中のどんなところにどういうニーズがあって、自社の商品やサービスがそこでどう役立ち、どんな人たちに必要としてもらえるのかということに気付けるチャンスが増えていくのです。

トップにそういう志があれば、自分自身のレベルアップを図りながら、そこで得た知識や気付きを仲間やチームに還元していくことで、企業の成長ストーリーはいっそう加速されていくでしょう。

まさに、成長とは視点を上げていくことの連続なのです。

その意味で「井の中の蛙」にならないことが何よりも大切で、話を聞く相手は必ずしも同じ業種の人でなくても構いません。むしろ自分たちとは異なる業種での取り組みの中に、自社でも活かせるヒントがたくさん落ちているので、それらをきちんと自分のものにしていくことが重要です。

競合先を上回るスピードで進化しなければ勝てない

自分の視点を上げていくことによって、視野を広げるのはもちろん、自分自身の能力を高めていくことも非常に大事です。

僕は静岡県富士宮市で創業しましたが、地方でそれなりに数字を上げていると周りからちやほやされるのです。

僕は何も、周囲の人たちからちやほやされるためにビジネスをやっているわけではありません。「世の中の情報通信産業革命に貢献」するために、この仕事をしているのです。

商品やサービスを持ってビジネスをしている以上、より多くのお客様に選択していただく必要があり、そのためには小手先のマーケティング以外の要素が非常に重要になってきます。

たとえばそれは、第3章で紹介した、お客様と最低15年付き合うことを前提にしたビジネスモデルであり、お客様を徹底的に守る仕組みであるCLT（カスタマー・ロイヤリティ・チーム）がその典型で、そこにたどり着くためには、より広い視野を持つことはもちろん、より深い知識や気付き、洞察が必要になることはいうまでもありません。

でも、いま自分自身が持っている知識や気付きの範囲内では、仮に事業を3倍の規模にすることはできても、10倍にするのはおそらく不可能です。ところが、自分の知識や気付きをいまの2倍、3倍に増やすことができれば、事業規模を6倍とか9倍に広げていくことができるかもしれません。

さらにいえば、世の中には能力の高い人たちがいくらでもいるので、彼らと同じレベルで戦うためには、よほど視点を上げなければならないのです。

それに、ビジネスの現場では商品やサービスがたまたま当たる、ということはほぼ皆無なので、自分たちの商品やサービスが「必然的に」当たることを目指して、開発のレベルを高めていかなければいけません。

当社がグローバルWiFi事業をスタートさせるにあたり、海外で使える既存のモバイルWi-Fiルーターについて徹底的に調査し、それらに足りないものは何かを考え、改善を重ねました。そういう作業を繰り返して知見を蓄積したので、当社のグローバルＷｉＦｉサービスは強くなったのです。

商品開発の現場では、数ある企画の中で、日の目を見るのはごく少数で、仮にそれが商品化されても、たとえば5年後に生き残っている可能性は非常に限られます。実際、同じ業界の競合先は、日進月歩で商品やサービスを進化させ、成長しようと日夜努力しているわけです。だから僕たちには、それを上回るように進化し成長しようという意欲がなければ、とても勝てません。

そのためにも、経営者自らが視点を上げて、企業が成長できる幅を広げていかなければならないのです。

経営は自由だ！
――変え続け、変わり続ける勇気を持つ

起業を志す皆さんに僕がぜひとも伝えたいのは、「経営は自由だ」ということです。

これは僕が普段、口癖のようにいっている言葉で、人に迷惑をかけてはならない

ということ以外、「経営はこうでなければならない」という決まったルールは何もない、ということなのです。

パナソニック（株）は、創業者の松下幸之助さんが1933（昭和8）年に導入した事業部制を2003年に廃止し、従来の複数の事業部を統括する事業ドメイン別の管理体制に移行しましたが、2013年に事業部制を復活させました。

そして2020年11月に、同社は2022年4月から持株会社制に移行すると発表したのです。

制度そのものの是非は別にして、何か組織に矛盾が生じたら、組織のあり方を刷新しなければならないはずなのに、一つの仕組みにこだわってしまうのは逆にマイナスだと僕は思います。

常に「離れて俯瞰する」ことと「近づいて細部を見る」ことを繰り返しながら、矛盾が生じていることを変え続けていくのは自由です。

第3章に書いた通り、僕は採用には一切関与しないようにしていて、ミスマッチ採用だけはやめてほしいということぐらいしか人事担当者にお願いしていません。

だから、「ビジョンさんの人材採用の方針は？」と改めて聞かれると、短い言葉で説明するのに困ってしまうのですが、逆に、ある意味で型にはまらないところが当社の強みだと思っているのも事実です。

情報通信技術が日進月歩で進化し、社会の情勢もお客様のニーズも目まぐるしく変わる中、矛盾が生じ始めているものを変えることに抵抗するのではなく、変える勇気を持つことが大事です。

いまよりも悪くなるために、制度や組織、仕組みを変えたいと思う人はいないでしょう。いまの会社のあり方を変えることで、現在よりもよくなるという確かな見通しや信念が、変える勇気を後押しするのだと思います。

「他社がこうやっているから」とか「本にこんなことが書いてあったから」これをやる、というのではなく、いま矛盾や課題が生じていることを最もよい形で解決するためにはどうしたらいいのか、ということしか、僕は考えていません。

そのために、いろいろなことが自由にできて、挑戦もでき、それらがきちんと形になっていく会社でありたいと思っています。

自分たちの手で、いまある形を変えていくことは、自由なのです。

モノマネではうまくいかない、企業文化を作ろう！

ここで一つ、大事な話をしておかなければいけません。

これから起業し事業を始めたいと思っている皆さんには、僕がここまで書いてきたことをぜひ参考にしてもらいたいと思います。

でも、僕が書いてきたことを、そのまま実行したら、おそらく失敗するでしょう。実際問題、ビジョンという会社を丸ごとコピーするのは不可能だからです。

僕はこれまでも多くの起業家に、「表面的な部分だけを見ていてはいけません。他の会社の真似をするだけでは駄目です」と伝えてきました。自社に取り入れたいと思っている制度や仕組みが、長年積み重ねてきた企業文化にマッチしないとうまく機能しないからです。

その意味で、僕は最も大事なことは企業文化の形成だと思います。

企業文化とは企業のオリジナルの文化のことで、ビジョンなら「ビジョンらしさ」

という会社の個性であり、経営者は自分の会社によい文化を作ることに集中してほしいと思うのです。

では、ビジョンの企業文化とは何か、と聞かれたら、僕は第一に「自由であること」と答えます。

自由という企業文化を大事にしているからこそ、一つの形にこだわらずに変化し続けることができ、組織の垣根を越えたチームプレイも機能しているわけです。

営業担当者同士がお客様を紹介し合う「エスカレーション制度」もCLTのコンシェルジュたちが営業担当者から顧客対応を引き継ぎ、アップセルの推進役として機能しているのも、自由を重んじる企業文化が確立されているからだと思うのです。

当社では、相手を不快にさせない程度に、という条件付きで、社員たちの服装も自由にしています。

ほかにビジョンの企業文化を挙げるとすれば、真面目に仕事に取り組んでいる仕事好きな仲間が多いことと、もう一つは、超高生産性を可能にするビジネスモデルを作っていることです。

これらもやはり、企業文化があるからこそ成り立っていることで、同じ商品やサービスを他社より安く売っても利益が出る体質も、たとえば第3章で話したように、営業担当者の一人当たり生産性を追求する当社の企業文化から生まれているのです。

DNAに浸透するまで、大事なことをいい続け、確認し続ける

とはいえ、企業文化を作ることは、とても難しいものです。

戦術やノウハウは、然るべき人が方法論や具体論をきちんと考えれば構築できますが、文化は人の行動の積み重ねによってできあがるものなので、一筋縄ではいかないのです。

結論からいえば、企業文化は時間をかけて連続的に、「こういうことがビジョンにとって大切だから実践していこう」ということを、お互いに確認し合い、習慣になるまで続けることでしか、作ることができません。

たとえば、営業担当者同士がお客様を紹介し合う文化を作ろうと思っても、なぜ

それをやるのかという意味や、何のためにそれをやるのかという目的を、仲間たちがしっかり納得していないと、一人ひとりがそれをきちんと行動に落としてくれないので、文化として浸透しないのです。

その意味で、文化として社内に浸透させたいことの意味や目的を、みんなが「腹落ち」するまで確認し続けるという、地道な努力が必要です。

僕は以前、経営会議で、

「みんなのDNAに到達するぐらい、繰り返し、繰り返しいい続けなければいけない」

と、経営ボードのメンバーによく話していましたが、ある意味、「DNAの回路が変わる」まで言い続け、確認し続け、納得させ続けるという、その連続が企業文化に育っていくのだと思います。

ところが先の「エスカレーション制度」にしても、「『仕事だからやれ』と会社からいわれている」という「やらされ感」が社員たちに生じたら、もう終わりです。

企業文化どころか、ともすれば、それがルールによって行動を強制する制度になってしまいかねないからです。

社内のよい文化として、みんながごく自然に行うようになってもらいたいことを、制度のままで終わらせてはいけません。

企業文化を作るうえで、僕が基準にしているのは「そうするほうがお客様にとっても会社にとってもハッピーだ」ということ。

ただ単純に「これをこうすることでお客様も自分たちもハッピーになる」といっても曖昧なので、たとえばお客様を紹介し合う文化があれば、営業担当者が自分が本来担当している商品の営業に使える時間が増えて生産性が上がる。会社としては顧客獲得コストの低減につながる一方、お客様にとっては、商品についてより詳しい担当者から説明を受けることができ、満足度の向上につながるというように、僕たちとお客様の双方にメリットがあるという伝え方をしています。

「それが企業文化として定着すれば、これがこのように変わっていく」ということを伝え、社員がそれに納得して行動し始めたあと、その成果が実際の数字として出てきたとたん、エンジンがかかったかのように、みんなが一所懸命にやり出すようになるのです。

自分たちのやっていることが、自社の利益になっているというだけでは十分に響かないのですが、お客様のためにもなっているということが明確にわかれば、みんなが自信を持って取り組んでくれるようになります。

自分たちの利益になるということだけだと、営業力の強い人の取り組みばかりが目立ってしまうものですが、自分だけでなくお客様のためにもなることであれば、それを親身になって実践してくれる人が増えるので、そういう行動が会社全体に広く定着するようになるわけです。

そうやって、ある行動や考え方が会社の文化として浸透したあとは、経営者である僕が目の前にいなくても、みんなが自然とそれに沿った行動をしてくれるようになります。

起業することでしか得られない喜びと楽しさ

これまで、僕が起業してビジョンを創業したあと、2016年に東証一部への上場をはたし、いまコロナ禍を乗り越えて次のステージに向けて進み出したところまでの経験を、読者の皆さんとシェアしてきました。

本書を通じて、常に視点を上げて成長し続け、危機に遭っても逃げずにリーダーとして戦うことが求められる経営者の仕事は大変だ、と思った人も多いのではないかと思います。

経営者の仕事には苦しい局面はもちろんありますが、ずっと苦しいわけではありません。

そもそも、仕事の中に楽しさがなければ、とても前には進めません。

もともと僕は、起業してやりたいことにチャレンジし、仲間と一緒に夢を実現できるような「箱」を作りたかったのです。

それが現実にビジョンという会社になったのですが、僕の場合は、楽しさのほうが苦しさをはるかに上回っています。

というのも、自分自身の成長が手に取るようにわかるだけでなく、仲間の成長も実感できるという喜びや醍醐味は、経営者でなければ味わえないと思うからです。

考えてみて下さい、入社したときは何もできなかった社員たちが、いまでは事業部長や役員として、立派に会社の指揮を執っているわけです。経営者として、これ以上の喜びはありません。

いま、若手の起業家の皆さんにメッセージを贈るとしたら、これからの厳しい時代を、率先垂範型のリーダーシップを発揮して乗り切ってほしいということです。社会情勢が変わろうが時代が変わろうが、志や信念を持って前に進んでいけるリーダーがいればこそ、仲間たちも、持てる力を存分に発揮できるというものです。

その意味で、「ｗｉｔｈコロナ」や「ニューノーマル」の時代には、リーダーが率先して前に進み、困難を突破していく姿を見せていくことが重要になるでしょう。

前例も答えもない中で、道なき道を突破していくことが求められる、これからのリーダーには、「とにかくガンガン行くんだ」というぐらいの猪突猛進さがあってもいいのではないかと思います。

2

スタートアップとビジョンが拓く未来

起業家支援は社会への恩返し

東京商工リサーチが2021年5月に発表した「2020年『全国新設法人動向』調査」によれば、2020年に新たに設立された法人は2年ぶりの減少となり、前年比0・1%減の13万1238社でした。

2020年4月に緊急事態宣言が発令された翌月の5月には、新設法人数が前年同月比35%減と大きく落ち込むなど、やはりコロナ禍が大きく影響しています。

ただし、卸売業（前年比6・7%減）やサービス業（同2・7%減）で新設法人数が落ち込んだ一方、情報通信業（同7・6%増）や農・林・漁・鉱業（同6・4%増）、小売業（同5・3%増）、運輸業（同3・3%増）などが伸びているなど、コロナ禍の影響をあまり受けていないか、コロナ禍を機にかえって新設法人数が増えている業界もみられることは、とても興味深い事実です。

このように「withコロナ」「ニューノーマル」の時代を見据え、新たにスタートアップが誕生する中、僕はこれまでの経験を活かして若い起業家の力になることで、社会への恩返しをしたいと思っています。

その一つの取り組みが、第5章で紹介したEOの活動で、もう一つがビジョンとして取り組んでいる「CVC（コーポレート・ベンチャーキャピタル）」です。

当初、起業家支援のために何から手を付けていったらいいのか試行錯誤した末、事業などで親和性の高いスタートアップに投資をしていくということを、上場後にやり始めました。

ところがその後、起業家支援のうえで、出資ありきという部分はあまり重要ではないことに気付いたのです。

要は、お金を出せばみんながうまくいくわけではないし、出資会社に経営指導などを行いながら、株主として事業シナジーや投資のリターンを求めていくということに、あまり意味はないと感じました。

だからいまは、出資ありきではなく双方がＷｉｎ－Ｗｉｎになるようなコラボレーションを行うことを重視しています。

わかりやすくいえば、コラボレーション先のスタートアップに、ビジョンのお客様に案内できるような事業があれば、積極的に紹介を行ってその事業をさらに伸ばしていく。

そのように、僕たちが持っていないものを持っているスタートアップに、当社の顧客資産を活用していただく一方、僕たちもコラボレーション先の顧客資産を活用させていただくという関係です。

たとえば（株）スマートライド（本社・東京都港区）という、２０１７年に設立されたスタートアップがあります。同社は、厳選されたプロドライバーによる事前予約の空港送迎サービスを、世界１５０カ国で展開しています。

同社は社員21人（業務委託含む）のうち14人が外国人で、事業開発責任者の他アメリカ、アジア太平洋地域、アラブ・アフリカ地域、ヨーロッパの事業開発担当マネージャー等のキーマンを海外から採用し、リモートで経営を行っています。

当社とスマートライドがなぜWin-Winの関係になるのかというと、グローバルWiFiのユーザーは世界各国を移動するからです。

現時点では、彼らが安心かつ安全に現地で移動する手段を僕たちは手配できませんが、スマートライドはまさに、そうしたニーズに応えるプラットフォームを構築しているのです。

その一方で、僕たちは海外に渡航するニーズのあるお客様とのつながりがたくさんあるので、そのプラットフォームを利用させていただきながら、同社のサービスをお客様に紹介しているわけです。

スマートライドも、それを大きなメリットとして感じていただいていると思いますが、会社設立3年あまりでグローバルサービスを展開するまでに急成長した同社に対して、出資だけでは非常に限られた支援しかできなかったかもしれません。

若い世代の成功を後押ししながら自分も学ぶ

今後、僕たちがスタートアップの皆さんと一緒に何かの事業に取り組む可能性も十分にあります。

考えてみれば、いまの時代は情報がこれだけあふれ、いろいろなことを学べるチャンスが増えました。

また、僕の周囲がとくにそうなのですが、先輩起業家が後輩の起業家たちに、いままでの経験をシェアしていくということを積極的に行っています。

僕たちは、次世代の起業家たちの成功を支援するために、自らの経験をより多くの人たちと、いままで以上にシェアしていきたいと考えているので、若い起業家の皆さんも物怖じせずに学びに来ていただきたいと思います。

昔はこうした先輩起業家と後輩起業家がつながる機会が少なく苦労したものですが、いまは「世代間の連続性」を生み出していく時代に変わったと僕は考えています。

というのも、僕たちの成功だけではなく、次の世代の成功がいまとても重要になっていると思うからです。

日本経済も世界経済も新しい時代に突入していることはもちろん、「ｗｉｔｈコロナ」や「ニューノーマル」が時代の変化をいっそう加速させています。そうした中で、若い起業家の皆さんと、僕たちの世代では起業に対する課題意識もずいぶん異なるようなのです。

実際、時代背景的なところでいっても、いまこれだけ情報があふれている中で、何を取捨選択し、それをどう自分なりに解釈して伝えていくのか、ということが重要になっていて、若い人たちはそういうところに強い関心を持っていると思います。

僕たちの先輩の時代には、そもそも情報が限られていましたし、僕たちの時代も、いまほど多くの情報を得ることはできませんでした。ところがいまでは、僕が何か新しいことを話したつもりでも、みんながとっくにそれを知っているということも珍しくありません。

となると、専門性についても、昔よりずっと掘り下げなければ、いまではとても勝負できない時代になっているということです。

もう一つ、僕がいま感じている大きな変化は、いまは昔ほど人々が「群れない」

時代になっているということです。

おそらく人間は本能として、生きるために「群れ」を作ってきたのだと思います。それは外敵から、自分や家族、仲間たちを守るためのものだったのでしょう。ところがいまでは、今回のコロナ禍でテレワークがごく普通のことになったように、テレワークが「群れ」を分散させ、人間が一人でも生きていける時代に変わってきているような気がするのです。

でもその一方で、テクノロジーの進化により、人と人がいつでもオンラインでつながることができるようになっていて、その結果として、表現が難しいのですが、「群れ」がなくても一人でもやっていける一方、それでも仲間は失っていないような状況になっていると思います。

大枠として、おそらくそれが、これからのライフスタイルやビジネススタイルになっていくのだろうと、僕はみています。

さらにいえば、テレワークによって家族との距離が縮まるという、本来そうしたかったのにできなかったことが実現できたことも事実です。

これらによって人口動態などに多少の変化は出るかもしれませんが、そういう時代の変化によって、新たな価値がまた生み出されることでしょう。

まだ、僕たちの認識が追いついていない部分がありますが、みんなが「テレワークによって、暮らしや仕事がこう変わった」と実感する瞬間が、まもなく訪れると僕は考えています。

いずれにしても、これからの若い世代は、感覚も意識も大きく変わっていくでしょう。

でも、かつて僕たちもそうだったように、どんな時代でも若い人たちは変わっているといわれるのです。その変わり方が加速しているので、いま僕たちよりも上の先輩たちとジェネレーションギャップについて話したら、おそらく「いま時代は、あり得ないほど大きく変わっている」という話になるでしょう。

たしかに、昔から考えると「あり得ない」変化なのかもしれませんが、いまではこれが普通だという感覚です。

だからこそ、いま若い人たちと積極的に交わることが、僕たちの世代にとって非常に重要だと思うのです。

そうすることで、いま若い世代がどんなことを考えているのかを学ぶことができますし、それによって、現在起きている社会課題への当社の対応力を高めることも可能になります。

僕たちは僕たちの時代の中で、社会に不足し、人々が求めるものを充足させることができるような会社を作っています。

そして若い起業家たちは、彼らの時代の中で直面する社会問題や課題を解決できる会社を作っていくのであって、その中には社会起業家も含まれると思うのです。

そういう彼らが持つ、いまの時代特有の感覚や問題意識に、逆に僕たちが学ばせてもらえる機会が多いのです。

時代は「競争」から「共創」へ

時代の変化についてもう一つ付け加えると、僕たちの時代は仲間意識よりも競争意識のほうが強かったかもしれません。

もちろん、オフィスで隣の席に座っている人とも一応は協力しますが、自分のほうが上になりたいという気持ちのほうが先に立っていました。むしろ、競争社会で勝者になるために、会社の中でも出世競争を勝ち抜いてのし上がりたいという感覚のほうが普通だったと思います。

結局、今までビジネスマンは会社に所属してはいても、一人で戦っていて、「自分のために」という意識が優先していました。だから、熾烈な出世競争の中で上下関係も厳しくなっていたのです。

でもいまは、出世競争で勝つというよりも、より大きな目標を設定し、それを達成するからこそ評価されるようになりました。それも、昔だったら競争相手の同僚などから評価を受けるのです。

時代背景からいうと、極端な話、昔は敵だった人たちが仲間になっているからこそ、自分の頑張りも彼らから評価されるのです。昔は競争相手を蹴落とすために、「あの人はたいしたことはないですよ」ということも普通にありましたが、いまは「あの人はすごいね」ときちんと認められます。

自分のお客様を他の営業担当者に紹介するというのも、昔ではとても考えられなかったことなのです。

いまは、そういうことが非常識だと思われなくなり、むしろ、そうやって仲間で戦うことに対して「素晴らしい取り組みを行っている」と積極的に評価されるような社会になりました。

これは、ビジョンだけが変わっているのではなく、社会も徐々にそういう方向に変化し始めていると思います。

僭越ないい方を許していただくと、その意味で、僕たちは時代の半歩先を進んでいるといってもいいのかもしれませんが、これから成長していく新しい会社は、最初からそれが常識になっていることでしょう。

これまでの競争社会ではなく、仲間同士がともに創り上げるという意味での共創社会に、世の中は確実に変わり始めていると思います。

そうした動きの中で、企業はもっと強くなっていくでしょう。

昔が駄目だったとは一概にはいえないし、メディアの報道では、大手企業の退潮ぶりばかりが強調されている気もしますが、コロナ禍以降は別として、日本の上場企業のＲＯＥ（自己資本利益率）やＲＯＡ（総資産利益率）、ＲＯＳ（売上高利益率）も上昇傾向にあるなど、以前よりも収益性が向上しています。会社の仕組みも昔よりもしっかりしていて、より完成度が高まってきていると、僕は考えています。

おそらく、日本企業が大きく変わったのは、1990年代初頭のバブル崩壊以降、とくに2008年のリーマン・ショック、2011年の東日本大震災を経験してからだと思います。

そういう大きな危機に直面し、企業も社会も人々の意識も、仲間とともに戦い、助け合い、社会に役立ちたいという方向に、大きく変わったのでしょう。

会社組織の話に戻ると、昔の上司は、目標数字を達成させるとか、決められたことをやらせるために、部下を威嚇したり強要することもしょっちゅうでした。いま考えれば、それは相手を蹴落としてでも自分がのし上がろうとする、過度な競争社会の中で、自分を大きくみせたいがために自然になされた行動だったのかもしれません。

ところがいまは、先に会社に入った人がなんとなく偉いとか、単純に数字を取ってきた人が偉いとされるような時代ではなくなりました。マネジメント能力が高く、人がついてくる人間的な魅力も兼ね備えていなければならないというように、上司自身が実力を身につけることが強く求められるような時代になっています。

つまり、昔のような半強制的なスタイルのマネジメントはもはや通用せず、個人が尊重されるという大前提がまずあって、その下で個人個人が努力を積み重ね、お互いに協力しながら目標に向かって進んでいく、という方向に、働き方も組織のあり方も変わり始めているのです。

僕はその意味で、いまはとてもよい時代になったと思います。

これは、企業文化という点でも、昔にくらべて日本企業が進化してきていることの表れかもしれません。

「進化への挑戦」が成長のキーワード

進化論で有名な生物学者のチャールズ・ダーウィンが残したとされる名言に、「最も強い者が生き残るのではなく、最も知識のある者が生き残るのでもない。変化に最も適応できる者が生き残るのだ」というものがあります。

つまり、人も会社も、変化に適応できないものは生き残れないということです。

僕がいつも「経営は自由だ」と口癖のようにいいながら、変わり続け、変え続ける経営を実践しているのも、そうした変化に適応していこうと考えているからです。

ただし、「社会がこう変わっているから、自分たちもこう変わらなければならない」といっているうちは、変化に乗り遅れている状態で、時代の流れを半歩先取りするぐらいの感覚がちょうどいいと僕は思います。

僕自身の感覚でいうと、矛盾や課題にいち早く気付き、「ここはこうしたほうがいいのではないか」と考え、変えていくことの連続が進化です。

誰から教えられたということもなく、自ら気付き、矛盾や課題を解決してみたら、じつは時代の半歩先を行っていたというイメージで、僕はいま、それをビジョンで仲間とともに取り組んでいるわけです。

最初はとにかく、今日明日を生きていくために、「数字を上げなければいけない」とか「絶対に負けられない」「弱い組織は作りたくない」という思いがすべてに優先していたので、社内は殺伐とした雰囲気だったかもしれません。会社が成長軌道に乗るまでのあいだは、それぐらいゆとりがなかったのです。

でも、そのうちに事業も軌道に乗り、組織も固まり、仲間も増えてきた中で、ビジョンを、自分が思い描いている姿に近づけることに時間を使えるようになりました。当社のビジネスモデルも組織も企業文化もそうやって、時間をかけながら作り上げてきたものです。

進化し続けなければ、会社は死に絶えていくだけだからです。

だから僕は、常に自問自答し、矛盾や課題を探し続けているのですが、それが習性になっているといってもいいでしょう。矛盾や課題を解決していけば、前に進んでいくことができます。

その意味で、いまの若い人たちの感覚や意識の変化に加え、社会の変化を経営の中にどれだけ取り入れることができるかによって、会社の進化のペースは大きく変わっていくと思います。

たとえば当社でも、社会の高齢化の進展によって、自分たちにも必ず親の介護をしなければならなくなるときが訪れる。それでも社員が働き続けられる体制を作るために、会社として何ができるのかということを、10年ぐらい前から経営会議で議論していました。

その結果、いまのようにテレワークが普及する前から、親を介護しながらの在宅勤務を認めていたケースもあるのです。

そういう社会的な課題からけっして目をそむけず、現実を受け入れたうえでそれに適応していくことが、進化につながっていくのだと思います。

ビジョンでは毎年、自分たちがどんなことに力を入れていくのかを定めたスローガンを掲げているのですが、ここ15年のあいだに「進化」というキーワードが5回登場しています。

2021年度は「ニューノーマルへの挑戦」をスローガンに掲げていますが、言葉は違っても、これも大枠としては「進化への挑戦」を意味することに変わりはありません。

進化し続けていかなければ退化は免れません。同じところにしがみついていては、企業は駄目になっていくだけです。

情報通信ビジネスとビジョンのこれから

最後に、「withコロナ」や「ニューノーマル」の時代を見据え、ビジョンがどう進化していこうとしているのかについて、話してみたいと思います。

まず業界全般の動向についていうと、情報通信ビジネスは、今後も進化し発展していく余地が非常に大きいと考えています。

一つは、ＩｏＴ（モノのインターネット）を典型に、これまで通信でつながっていなかったものが、軒並みつながり始めているからです。

先行している製造業はもちろん、農業や住宅、健康・医療、自動車やスマートシティに至るまで、多数の機器がネットでつながり、そこから収集されたデータを活用し、既存の商品やサービスを最適化したり、これまでになかった新しいサービスが生まれるといった動きが、さまざまな分野で加速していくはずです。

そういう面でも、情報通信ビジネスにチャンスはほぼ無限に広がっていると僕は捉えています。

一方、テクノロジーの進化以外の部分でもチャンスは多いと思います。

僕たちは情報通信産業にフォーカスしつつ、オフィスで使われているさまざまな機器やサービスを、スタートアップも含めて２００４年以降、40万社（２０２０年5月末現在）のお客様に提供しています。

それゆえ当社は、お客様のオフィスや社内のさまざまな課題を解決するプレーヤーとしての存在感を高めていく必要があります。

既存のお客様のニーズに応え続けていくことは、情報通信サービスの枠にとどまることと必ずしもイコールではなく、僕たちは情報通信サービス以外の事業はやらないと宣言しているわけでもありません。

その試みとして、最近ではウイルス除去・除菌装置やオフィス向けの新電力サービス、業務用エアコンなどの提供も開始し、オフィスにおける課題解決の幅を広げています。

いま、オフィス向けの新電力サービスだけでも毎月100件の契約がありますが、オフィス電力の省力化ソリューションの提案など、この分野でも他にやれることは数多くあると思うのです。

実際、当社もオフィス照明のLED化ソリューションの提供に取り組んでいますが、これも地球環境に優しいエコソリューションの一つの大きな軸として、これから伸びていくと考えています。

いずれにしても、何をやるのかを先に決めて事業範囲を限定するよりも、情報通信サービスを入口にして、お客様が困っていることを、われわれが一つひとつ解決していくという、ワンストップソリューション化を図ることが非常に大切です。

もう一つの取り組みは、強固で厚い顧客基盤をベースにしたストック型ビジネスの強化。

これは、既存のお客様が、当社と継続して取引することに価値があると思っていただけるようなサービスを、将来にわたってアドオンし続けていくことです。

たとえばグローバルＷｉＦｉを利用していただいている累計１５００万人以上のユーザーの中には、旅行が好きなお客様が数多くいます。その一方で、２００４年以降、当社のサービスを利用していただいた40万社以上のお客様の中には、海外とのビジネスを手がけていて、社員が頻繁に海外に出張するとか、海外に拠点を持っている企業が多数あります。

主に、この２つの顧客層に受け入れられるサービスを、アドオンし続けていくわけです。

その中には、当社がこれまで手を付けてこなかった分野の商品やサービスが入ってくる可能性も大いにあります。

それらの増え続けていく分野一つひとつで、確実にマーケットシェア日本一を取っていくことを、当社は目指しています。

お客様にしてみれば、当社がそれぞれのサービスについてシェア日本一であることは、とくに大きな意味は持たないでしょう。でも当社にとって、各サービスでシェア日本一の実績を持つことは非常に重要です。

ある商品を、どの会社よりも数多く売れるからこそ、他社よりもそれを安価に提供できるのはもちろん、万全で手厚いサービス体制を構築したうえで、お客様と長くお付き合いできるようになるからです。

こうした新たな試みにもチャレンジしながら、矛盾と課題の解決を繰り返し、時代の変化の半歩先を行くことをモットーに、ビジョンは、これから日本の未来と地域の未来の担い手となるスタートアップに負けずに、成長を続けていきます。

WORK——自分のビジネスに置き換えて考える

〈情熱を持つ〉

■あなたが事業・お客様・社員に対して、誰よりも情熱を持っていることは何ですか？

〈企業文化を作る〉

■あなたの事業で作るべき企業文化は、どのような文化ですか？

WORK──自分のビジネスに置き換えて考える

〈本書のまとめ〉

■本書を通してあなたがコミットメントしたことは何ですか？

佐野 健一（さの・けんいち）

株式会社ビジョン 代表取締役社長兼CEO
第14期EOジャパン会長

1969年鹿児島県生まれ。私立鹿児島商工高等学校（現樟南高等学校）を卒業後、1991年株式会社光通信入社、入社後トップ営業マンになる。

1995年静岡県富士宮市で起業、ビジョン設立。電話回線、法人携帯事業、電話加入権、コピー機などの通信インフラディストリビューターとして、WEBマーケティングやCRMの仕組みによるモデルで業界トップクラスの販売実績を誇る。

2012年より海外用モバイルWi-Fiルーターレンタルサービス「グローバルWiFi」を開始。現在200以上の国と地域で「世界中いつでも・どこでも・安心・安全・快適なモバイルインターネット」環境を提供中。2015年より訪日外国人旅行者向けに「NINJA WiFi」を展開。

2015年12月東証マザーズ上場、2016年12月東証一部へ市場変更。

会社HP　https://www.vision-net.co.jp

経営は「進化」だ！　起業から上場への道のり

2021年（令和3年）8月2日　第1刷発行

著　者——佐野健一
発行者——青木仁志
発行所——アチーブメント株式会社
〒135-0063　東京都江東区有明3-7-18
有明セントラルタワー19F
TEL 03-6858-0311（代）／FAX 03-6858-3781
https://achievement.co.jp
発売所——アチーブメント出版株式会社
〒141-0031　東京都品川区西五反田2-19-2
荒久ビル4F
TEL 03-5719-5503／FAX 03-5719-5513
http://www.achibook.co.jp
［twitter］@achibook
［Instagram］achievementpublishing
［facebook］https://www.facebook.com/achibook

装　　丁——鈴木大輔、江﨑輝海（ソウルデザイン）
本文DTP——キヅキブックス
編集協力——加賀谷貢樹
校　　正——株式会社ぷれす

印刷・製本——株式会社光邦

©2021 Kenichi Sano Printed in Japan ISBN 978-4-86643-099-7
落丁、乱丁本はお取り替え致します。